Leni Riefenstahl:

Die Nuba
Menschen wie von einem anderen Stern

Mit 123 Farb-, 20 Schwarzweißfotos und einer Übersichtskarte

Deutscher
Taschenbuch
Verlag

dtv

Dieses Buch widme ich meiner Mutter Berta Riefenstahl

Ungekürzte Ausgabe
Februar 1982
Deutscher Taschenbuch Verlag GmbH & Co. KG,
München

Titel der Originalausgabe: ›The Last of the
Nuba‹ (Tom Stacey Ltd, London 1973)

Umschlaggestaltung: Celestino Piatti
Umschlagfoto: Leni Riefenstahl
Printed in Italy by A. Mondadori, Verona · ISBN 3-423-01734-1

Das Buch

Im mittleren Sudan, in der Provinz Kordofan, leben noch immer rund 10000 der insgesamt etwa eine halbe Million Menschen zählenden Nuba fernab aller Zivilisation. Nachdem Ende der dreißiger Jahre der österreichische Anthropologe S. F. Nadel dieses Gebiet bereist hatte, wurde von keinem Weißen mehr der Versuch unternommen, Leben, Riten und Gebräuche der Nuba umfassend zu erforschen. Die Fotografin und Filmregisseurin Leni Riefenstahl hat als erste weiße Frau in den entlegenen Tälern des Zentral-Sudan unter den Nuba gelebt. In den Jahren 1962 bis 1969 hat sie die Lebensweise dieser nahezu unbekannten Stämme studiert und in Aufnahmen von einzigartiger Faszination, die den gesamten Zyklus des Nubalebens widerspiegeln, für immer festgehalten. Gerade die Tatsache, daß durch das unaufhaltsame Vordringen der Zivilisation auch in diesem Teil Afrikas die ursprüngliche Lebensform und die bisherige Stammesstruktur der Nuba nach und nach zerstört werden, verleiht ihren Bilddokumenten eine einmalige anthropologische, ethnologische und kulturgeschichtliche Bedeutung. Mit diesem eindrucksvollen Bild- und Textband setzt Leni Riefenstahl dem unkriegerischsten Volk Afrikas ein letztes, bleibendes Denkmal.

Die Autorin

Leni Riefenstahl, 1902 in Berlin geboren, studierte Malerei und war danach Tänzerin, Schauspielerin, Filmregisseurin und Fotoreporterin. Für ihre Bildbände ›Die Nuba‹ und ›Die Nuba von Kau‹, die Weltauflagen erreichten, wurde sie vom Art-Directors-Club Deutschland für die beste fotografische Arbeit des Jahres 1975 ausgezeichnet.

Mit diesem Titel wird die Reihe List Taschenbücher
im Deutschen Taschenbuch Verlag weitergeführt.

Inhalt

Der sudanesischen Regierung danke ich für ihre Hilfe und ihr Verständnis, wodurch es mir ermöglicht wurde, das Leben der Masakin-Nuba zu studieren und in Bildern festzuhalten. Ganz besonders danke ich Herrn Ahmed Abu Bakr, dem damaligen Minister für Information und Tourismus. Mein tiefster Dank aber gilt den Nuba – ihre Freundschaft und ihre Zuneigung werde ich nie vergessen.

Die Aufnahmen in diesem Buch wurden mit Leica- und Leicaflexkameras auf Agfacolor CT 18 aufgenommen.

Wie ich die Nuba fand

In einer Nacht, in der ich vergeblich Schlaf suchte, las ich ein Buch von Hemingway, ›Die grünen Hügel Afrikas‹. Er schildert darin seine Eindrücke, die er bei seiner ersten Safari in Ostafrika hatte, so faszinierend, daß ich hellwach wurde. Bis zum Morgengrauen hatte ich das Buch ausgelesen. Besonders stark blieb ein Satz in mir haften, den Hemingway in der ersten Nacht, die er in Afrika in seinem Zelt verbrachte, in sein Tagebuch schrieb: »Als ich nachts aufwachte, lag ich lauschend da, bereits voller Sehnsucht, nach Afrika zurückzukehren.«

War diese von Hemingway so hinreißend beschriebene Atmosphäre nur die Vision eines genialen Erzählers, oder gab es dort wirklich etwas, wo man freier atmen und glücklicher sein konnte?

Von diesem Augenblick an ergriff mich der sehnliche Wunsch, Afrika selbst kennenzulernen. Um meine Reise nach Afrika realisieren zu können, schrieb ich mit Freunden ein Filmexposé über den modernen Sklavenhandel nach Unterlagen der Antislavery Society. Mit diesem Entwurf flog ich schon wenige Wochen später nach Ostafrika.

Meine erste Begegnung mit Afrika hatte etwas Apokalyptisches an sich. Ich beabsichtigte, einen Film über den damals noch immer bestehenden Sklavenhandel zwischen Afrika und den südarabischen Ländern zu drehen. Zur Motivsuche fuhr ich mit zwei Begleitern von Nairobi nordwärts zum Tana-Fluß und in den an Somalia angrenzenden nordöstlichen Teil Kenias. Der Himmel war wolkenlos, die Luft war rein. Die weiten Steppen überwältigten das Auge. Da sprang ganz plötzlich eine kleine Zwergantilope aus dem dornigen Gebüsch auf die Straße. Der Fahrer wollte dem Tier ausweichen, doch in dem tiefen roten Sand kam der Wagen ins Schleudern und stieß gegen zwei Steine, die eine Brückenbegrenzung markierten. Der Wagen flog durch die Luft; ich spürte, wie ich mit dem Kopf durch die Windschutzscheibe stieß und bemerkte noch, wie der Wagen kopfüber in ein trockenes Flußbett stürzte.

Erst als ich nach mehreren Tagen in einem Krankenhaus von Nairobi wieder zum Bewußtsein kam, erfuhr ich von unserer fast an ein Wunder grenzenden Rettung. Der Fahrer und ich hatten bewußtlos und schwer verletzt unter dem Wagen gelegen, der Boy war zwischen Gepäckstücken eingeklemmt und konnte sich nicht befreien. Da die Straße wegen der zu erwartenden Regenzeit für Fahrzeuge gesperrt war – wir hatten eine Sondergenehmigung erhalten – wäre eine Rettung unmöglich gewesen, wenn nicht wenige Stunden nach dem Unfall ein britischer Distriktoffizier, der einmal im Monat diese Straße von Nairobi nach Somalia inspizieren mußte, über die Brücke gefahren wäre, unter der der verunglückte Landrover lag. Er konnte uns mit Hilfe seiner Begleiter aus dem umgestürzten Wagen herausziehen und nach Gorissa bringen, das 590 Kilometer von Nairobi entfernt liegt. Ein kleines, per Funk angefordertes Flugzeug brachte mich ins Hospital nach Nairobi. Vier Tage war ich ohne Bewußtsein.

Außer einem Schädelbruch waren meine sämtlichen Rippen mehrfach gebrochen und ein Lungenflügel verletzt. Die Ärzte zweifelten an meiner Genesung. So lag ich mehrere Wochen im Krankenhaus und dachte über das Afrika nach, das ich noch immer entschlossen war kennenzulernen. Es war eine dramatische Feuertaufe. Bezeichnenderweise verstärkte sich aber trotz dieses schweren Unfalls meine Besessenheit, das echte, noch unberührte Afrika zu finden.

Früher als die Ärzte erwartet hatten, konnte ich das Krankenhaus verlassen. Ich schrieb in mein Tagebuch: »Ich habe den Preis, das Afrika Hemingways zu erleben, unter Schmerzen bezahlt; und nun verzaubert mich die afrikanische Atmosphäre noch mehr als zuvor. Ich bin ihrer Magie verfallen. Auf der Fahrt nach Arusha sah ich zwei Masai-Krieger, die in rhythmischem Schritt die Straße entlanggingen. Sie hatten Kopfbedeckungen aus schwarzen Straußenfedern und trugen Schilde und Speere. In stolzer, hoch aufgerichteter Haltung schenkten sie uns überhaupt keine Beachtung. Es war das erste Mal, daß ich Afrikaner in ihrer Stammeskleidung sah. Ich konnte den Blick von diesen Gestalten nicht abwenden, bis sie im Staub der Straße verschwunden waren.«

Mein Filmvorhaben ›Die schwarze Fracht‹ konnte ich nun nicht mehr realisieren. Durch meinen Unfall hatte ich zwei Monate unersetzbarer Zeit verloren, denn die Aufnahmen konnten nur in der Trockenzeit gemacht werden. Dann kam der Krieg am Suezkanal – das Schiff mit einem Teil der wichtigen Filmausrüstung traf mit fünf Wochen Verspätung in Mombasa ein. Es nahte die Regenzeit – ich versuchte, mit meinem Team dem Regen, bis zur Kongogrenze fahrend, auszuweichen. Aber dieses Unternehmen überstieg die mir zur Verfügung stehenden geringen Geldmittel. Ich mußte aufgeben – ein schwerer Schicksalsschlag. Damit war mir jede Basis genommen, in Afrika zu bleiben.

Aber ein Zufall wollte es anders. Am letzten Tag meines Aufenthaltes in Afrika entdeckte ich in einer älteren Nummer des ›Stern‹ eine Aufnahme des berühmten Fotografen George Rodger: Sie zeigte einen Nuba-Ringkämpfer, der von seinem Freund getragen wurde. Die künstlerische Gestaltung des Bildes, verbunden mit der Ausdruckskraft der schwarzen Nuba, faszinierte mich so sehr, daß ich nicht mehr aufhörte, mich für diesen Stamm zu interessieren.

Dieses Bild veränderte mein Leben. Meine Sehnsucht, die sich bislang auf Afrika ganz allgemein gerichtet hatte, konzentrierte sich von nun ab auf die Nuba: Kordofan, eine Provinz des Sudan, wurde zum Mittelpunkt meiner Pläne. Von Anthropologen erfuhr ich bald, daß nur wenige Europäer bei den Nuba gewesen waren, nicht einmal Missionare. Ich spreche hier nur von den Nubastämmen, die in den südlichsten, schwer zugänglichen Tälern der Nubaberge leben, nicht von den etwa eine halbe

Million zählenden Nuba, die in Kordofan nördlich der Nubaberge sich schon seit Jahrzehnten mit der sudanesisch-arabischen Bevölkerung vermischt und deren Lebensweise angenommen haben.

Selbst in Khartoum, der Hauptstadt des Sudan, konnte mir niemand Auskunft über »meine« Nuba geben. Ich befragte den Minister für Tourismus, Sayed Ahmed Abu Bakr, den Generalgouverneur von Kordofan, die Polizeichefs und die Universitätsprofessoren – Botschafter und Reisende, Jäger und Lastwagenbesitzer. Keiner von ihnen war jemals in dieses Gebiet gekommen – es lag zu abseits und war noch nicht durch Straßen genügend erschlossen. Vielleicht gab es die von mir gesuchten Nuba gar nicht mehr, vielleicht jagte ich einem Phantom nach? Aber der Wunsch, diese Nuba vielleicht doch noch zu finden, ließ mir keine Ruhe – er wurde zu einer fixen Idee.

Erst nach sechs Jahren konnte ich den Versuch unternehmen, »meine« Nuba zu suchen. Ich schloß mich einer deutschen Expedition an, die den südlichen Sudan bereisen und ihr Unternehmen in Ostafrika beschließen wollte. Die Expeditionsroute sollte durch das Nuer-Territorium von Malakal nach Fangak führen, das einige hundert Kilometer südlich von Khartoum in der Nähe des Nil liegt. Fast in derselben Entfernung westlich von Malakal liegen die Nubaberge – das Ziel meiner jahrelangen Wünsche. Da es in Malakal noch regnete und die Straßen unbefahrbar waren, gelang es mir, den Leiter der »Deutschen Nansen-Gesellschaft« – so nannte sich diese Expeditionsgruppe – zu bewegen, den ursprünglich geplanten Kurs zu ändern und in das Gebiet der Nuba zu reisen: in einen gesperrten Distrikt, der nur mit einer Sondergenehmigung der Sudan-Regierung betreten werden darf.

Tagelang durchquerten wir, von Khartoum kommend, mit unserem Unimog-Geländewagen und einem VW-Bus die Provinz Kordofan. Alle Nuba, die wir sahen, waren zivilisiert. Sie hatten nichts gemein mit der ursprünglichen Schönheit, die ich auf der Rodger-Aufnahme so bewundert hatte. Ich mußte annehmen, daß die Zeit, in der die Aufnahme gemacht wurde, längst vorüber sei. Als ich dem Polizeichef von El Obeid, der Hauptstadt von Kordofan, das Rodgerbild zeigte, sagte er: »Ich glaube, Sie kommen zehn Jahre zu spät. Früher konnten Sie diese Nuba-Athleten überall in den Nubabergen sehen, aber jetzt, wo Straßen gebaut werden, Baumwolle gepflanzt wird und Schulen eingerichtet werden, hat sich das Leben der Nuba verändert. Sie tragen Kleider, arbeiten auf Plantagen und haben mehr und mehr ihr früheres Stammesleben aufgegeben.«

Dieser sympathische Polizeichef konnte nicht ahnen, wie furchtbar mich seine Worte getroffen hatten. Etwas tröstend fügte er hinzu: »Wir kommen meist nur bis Kadugli und Talodi, wo unsere südlichsten Militär- und Polizeistationen der Provinz Kordofan sind, aber südlich von Kadugli könnten Sie vielleicht noch Splittergruppen finden. Ich wünsche Ihnen jedenfalls für Ihre Suche Glück.«

Durch tiefen Sand fuhren wir nun in südlicher Richtung den Nubabergen entgegen. Wir übernachteten meist im Schatten alter Affenbrotbäume. Zelte hatten wir nicht. Vier Männer schliefen auf dem Dach des Unimog, einer im Wagen und ich auf einem Feldbett im Freien. Die Expedition hatte auf jeden Komfort verzichten müssen, da kaum genügend Raum war, um auch nur das Wichtigste mitzuführen: Wasser-, Benzin- und Ölkanister, Verpflegung, Medikamente, die wissenschaftliche Ausrüstung, Ersatzteile und Reifen für die Wagen, Seile, Werkzeug, Kocher etc. So gab es für uns sechs Personen nur zwei Waschschüsseln, in denen zeitweise auch das Essen angerichtet wurde. Mein wichtigstes Gepäck waren meine Leica-Kameras, zwei Blitzgeräte, Fotomaterial, Belichtungsmesser, ein kleiner Hartspirituskocher, eine Taschenlampe, Batterien, ein Taschenmesser und Streichhölzer.

Wir waren ungefähr eine Woche unterwegs, bis wir Kadugli erreichten. Auch hier konnten wir keine Informationen über die Nuba, die wir suchten, erhalten. Unsere Hoffnung war auf dem Nullpunkt angelangt. Trotzdem wollten wir die Suche noch nicht aufgeben. Waren die Wege bis hierher schon sehr schwierig gewesen, so wurden sie von nun an noch unangenehmer. Unsere Wagen zwängten sich durch hohes Gras. Steinblöcke und uralte Bäume gaben der Landschaft einen romantischen Charakter. Die Berge schienen immer näher zusammenzurücken. Das Tal wurde schmäler – der Weg immer steiniger. Da sahen wir zum ersten Mal an den Bergen Rundhäuser, die wie Vogelnester an den Felsen klebten – es konnte sich nur um Nubahäuser handeln. Wir fuhren näher an die Berghänge heran, wo ein hochbeinig gewachsenes junges Mädchen eine Rute schwang. Es war unbekleidet, nur eine rote Perlenschnur schmückte den schwarzen Körper. Wir blieben stehen. Erschreckt schaute sie uns an. Dann – ein Sprung – und wie eine Gazelle verschwand sie im Gebüsch.

Unsere Müdigkeit war verschwunden, es kam Bewegung in unsere Gruppe. Wir fuhren weiter. Eine große Stille war um uns, die Sonne begann sich zu verfärben, das Tal war wie ausgestorben. Große Steine und Wurzeln versperrten uns die Weiterfahrt. Schon wollten wir umkehren, da sahen wir in der Ferne eine Gruppe seltsam geschmückter Menschen. Vorsichtig folgten wir ihnen zu Fuß. Diese Gruppe wurde von mehreren schneeweiß eingeaschten großen Männern angeführt, die, sonst unbekleidet, einen merkwürdigen Kopfputz trugen. Ihnen folgten andere, deren athletische Körper mit Ornamenten bemalt waren. Am Ende des Zuges gingen Mädchen und Frauen, ebenfalls bemalt und mit Perlen geschmückt. Kerzengerade, auf den Köpfen Kalebassen und große Körbe tragend, folgten sie leichtfüßig der Männergruppe.

Kein Zweifel, das konnten nur die von uns gesuchten Nuba sein. Sie stiegen steil über Geröll und schräge Felsplatten bergauf. Dann waren sie plötzlich verschwunden. Ein großer Felsblock versperrte uns den

Blick. Als wir um ihn herumgingen, erblickten wir ein überwältigendes Schauspiel. Tausend oder zweitausend Menschen wogten im Licht der untergehenden Sonne auf einem freien, von vielen Bäumen umgebenen Platz. Eigenartig bemalt, phantastisch geschmückt, wirkten diese Menschen wie Wesen von einem anderen Stern. Hunderte von Speerspitzen tanzten gegen den glutroten Sonnenball. In der Mitte der Menge hatten sich große und kleinere Kreise gebildet, in denen sich Ringkampfpaare gegenüberstanden, die sich lockten, die kämpften und tanzten und als Sieger auf den Schultern aus dem Ring getragen wurden, genauso, wie ich es auf dem Rodgerbild gesehen hatte. Ich war betäubt und wußte nicht, was ich zuerst fotografieren sollte. Alles was ich sah war so fremdartig, seltsam und ungeheuer faszinierend. Aber nicht nur das Optische erzeugte diese erregende Spannung, sondern auch das Akustische. Ein pausenloses Trommeln, darüber das helle Trillern von Frauenstimmen und die Schreie der Menge. Bald befand ich mich mitten unter ihnen, Hände streckten sich mir entgegen. Gesichter lachten mich an, ich spürte bald, daß ich mich unter guten Menschen befand.

Ich weiß nicht mehr, wann wir nach Kadugli zurückkamen. Nach diesem unglaublichen Erlebnis hatte ich jedes Gefühl für Zeit verloren. Aus meinen Tagebuchaufzeichnungen weiß ich, daß dieses erste Nuba-Ringkampffest am 16. Dezember 1962 stattgefunden hatte und daß wir am 22. Dezember zurückkamen. In der Nähe einer Nuba-Siedlung – sie hieß Tadoro – fanden wir unter einem Baum mit einer fast 30 Meter ausladenden Laubkrone einen idealen Lagerplatz. Ich konnte es nicht fassen, daß ich hier war. In wundersamer Weise hatte sich nach sechs Jahren mein Wunsch erfüllt, »meine« Nuba zu finden.

Vom ersten Augenblick an war mir klar, daß ich nur durch das Erlernen ihrer Sprache die Möglichkeit hatte, ihr Wesen kennenzulernen und ihre Sitten zu studieren. Während die Expeditionsmänner ihrer wissenschaftlichen Arbeit nachgingen, hielt ich mich nur bei den Nuba auf. Ihre anfängliche Scheu war bald überwunden und mit Hilfe der Kinder konnte ich von Tag zu Tag mehr von ihren Worten verstehen. Immer trug ich ein Notizbuch und einen Bleistift bei mir. Die Distanz wurde durchbrochen. Sie alle spürten wohl die Sympathie, die ich ihnen entgegenbrachte. Sie berührten meine Arme, die weiße Farbe meiner Haut setzte sie in Verwunderung. Wenn sie mein blondes Haar zaghaft berührten, sagten sie *jorri* (hübsch). Wo ich hinging begleiteten sie mich und riefen: »Leni buna Nuba – Nuba buna Leni« (Leni hat die Nuba gern – die Nuba haben Leni gern).

Ihre Fröhlichkeit übertrug sich auf mich – es war wie ein Gesundbrunnen. Immer mehr Nuba lernte ich kennen, die Mütter und Väter der Kinder, ihre Brüder und Schwestern. Jeder Tag schenkte mir neue Erlebnisse, immer stärker wurde die Zuneigung zu meinen neuen Freunden – ich wollte mich nicht mehr von ihnen trennen. Aber nur viel zu schnell kam der Tag wo ich das mußte. Die Expedition konnte nicht länger als sieben Wochen bei den Nuba bleiben und da ich kein Fahrzeug und keine Expeditionsausrüstung besaß, mußte ich notgedrungen die Nuba verlassen. Der Abschied war schlimm – als die Wagen langsam anfuhren liefen uns die Nuba nach. Ich schüttelte ihnen zum letzten Mal die Hände und rief ihnen zu: »Leni basso, Leni basso robrära« (Leni kommt zurück, Leni kommt in zwei Jahren zurück). Aber ich glaubte nicht an meine Worte, ich wollte ihnen nur eine letzte Freude bereiten.

Nach zwei Tagen waren wir in Malakal, wo sich die Gruppe von mir trennte. Jetzt war ich allein in dieser kleinen Stadt am Nil, einige hundert Kilometer von meinen Nuba entfernt. Weiße gab es hier nicht – die Bevölkerung besteht aus Sudanesen und Afrikanern, vor allem sah ich hier viele Schilluk, Nuer und Dinka. In einem leerstehenden Rasthaus fand ich eine Unterkunft, wo es sogar Wasser gab – ein Luxus, den ich sehr genoß.

Mein Plan war, von hier mit dem Nildampfer nach Juba zu fahren, das etwa 120 Kilometer von der sudanesischen Grenze, die an Uganda stößt, entfernt liegt. Von Juba wollte ich irgendwie nach Nairobi, denn von dort hatte ich mein Rückflugticket nach Deutschland. Aber es kam alles anders. Mein Wunsch, die Nuba wiederzusehen, war stärker als jede Vernunft. Mit dem letzten Geld das ich hatte, gelang es mir, zwei Fremde, die mit einem altersschwachen VW-Bus nach Uganda fahren wollten, zu überreden, mich zu meinen Nuba zu fahren. Dieses Unternehmen endete schon am ersten Tag mit einer Katastrophe. Kaum 15 Kilometer vom Nilufer entfernt versank der Wagen im Morast. Weit und breit nur endlose Steppe, kein Mensch war zu sehen. Die beiden Fremden – ein Engländer und ein Deutscher – waren ratlos. Es gelang ihnen nicht, den Bus aus dem Sumpf zu ziehen. Ich fühlte mich schuldig und lief so schnell ich konnte die Strecke in Richtung Malakal zurück, um Hilfe zu holen. Es wurde Nacht – durch einen Feuerschein, der über Malakal lag, hatte ich ein Richtungszeichen. Spät erreichte ich den Nil und fand einen Schilluk, der mich mit seinem schmalen Baumstamm-Boot über den Nil nach Malakal ruderte. Noch in der Nacht verständigte ich die sudanesische Polizei von unserem Unglück und schon am nächsten Morgen fuhren wir mit einigen Militärfahrzeugen mit der ersten Fähre über den Nil. Eine halbe Stunde später war unser VW-Bus aus dem Sumpf gezogen.

Nach zwei Tagen kamen wir spät am Abend an meinem Lagerplatz in Tadoro an. Trotzdem es stockdunkle Nacht war, vergingen nur wenige Minuten, bis die Nuba meine Rückkehr bemerkt hatten. Bald wurde ich von ihnen umringt und umarmt. Sie hoben mich auf ihre Schultern und führten mich so zu ihren Hütten. Boten wurden ausgeschickt und in kurzer Zeit war ich von Hunderten von Nuba umgeben. Von diesem Augenblick an wußte ich, daß ich zu ihnen gehöre.

Meine Beziehung zu ihnen wurde immer persönlicher. Im Laufe der nächsten Jahre kehrte ich wieder und immer wieder zu ihnen in die Nubaberge zurück. So entstand allmählich ein Bild- und Tatsachenbericht, in dem das Leben dieser noch so ursprünglich unschuldigen und schönen Menschen für immer in den Annalen des einst »dunkel« geheißenen Kontinents festgehalten wird.

Diese von dem berühmten englischen Meisterfotografen George Rodger gemachte Aufnahme faszinierte die Autorin so sehr, daß sie jahrelang versucht hat, die Nuba zu finden, um das Leben dieses Urvolks zu erforschen.

Bei Totenfesten kann man diese mit weißen Linien bemalten Gesichter der Nuba sehen. Sie glauben, daß sie durch diese Bemalung einen seelischen Kontakt mit den Verstorbenen herstellen können.

Jüngling mit Leier. Jeder Nuba fertigt sein Musikinstrument selbst an und spielt darauf seine eigenen Melodien.

Scheu aber doch kokett ist Tutu, ein sehr junges Mädchen aus Tadoro. Rote Glasperlen und kleine Metallplättchen schmücken Ohren, Nasenflügel und Unterlippe – es ist der traditionelle Schmuck der weiblichen Masakin-Nuba.

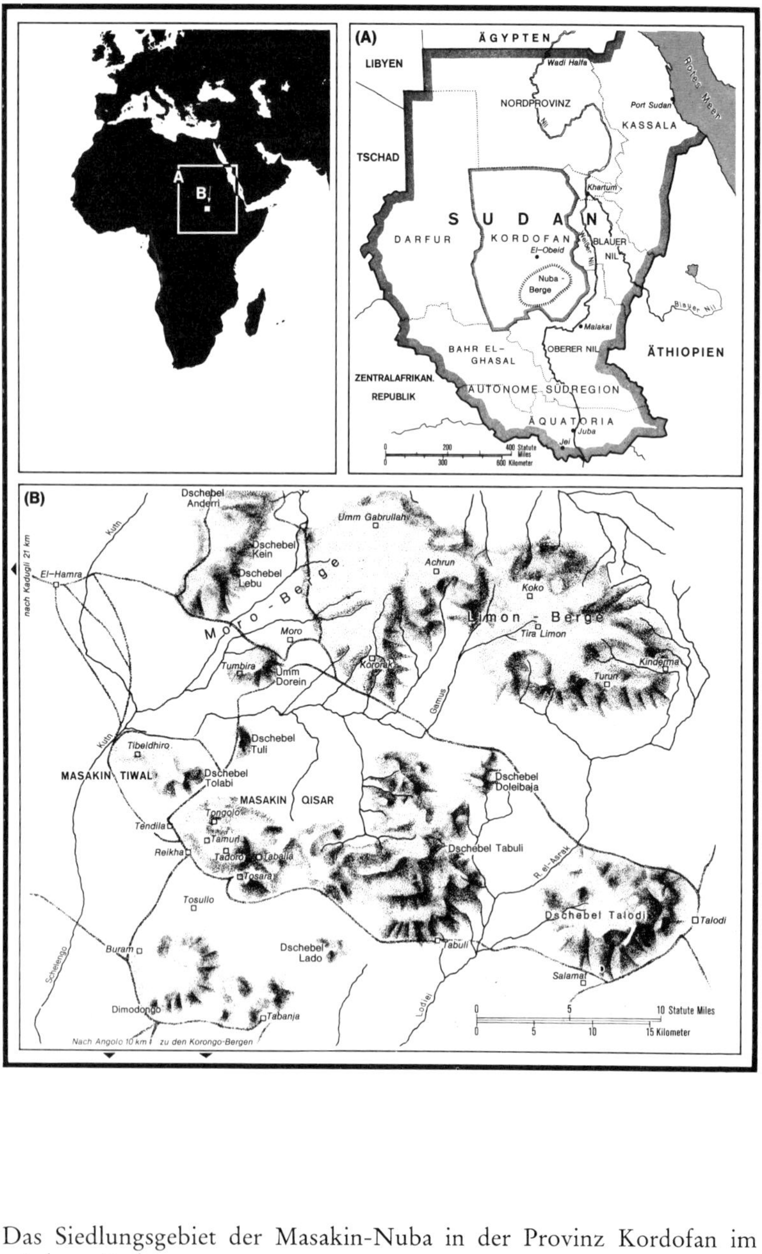

Das Siedlungsgebiet der Masakin-Nuba in der Provinz Kordofan im mittleren Sudan.

Die Masakin-Qisar

Die Nuba, unter denen ich jetzt lebte, gehören zu der Gruppe der Masakin-Qisar, einem Nubastamm, der außer dem der Korongo-Nuba noch am wenigsten den Einflüssen der Zivilisation ausgesetzt ist. Sie leben in den entlegensten Tälern und Hügelketten der südlichen Nubaberge. Es gibt über einhundert Nubasprachen, die aber keineswegs Dialekte sind, sondern so verschieden, daß kein Nubastamm die Sprache des anderen versteht, auch wenn die Stämme oftmals nur wenige Kilometer voneinander entfernt wohnen. Kein einziges Wort wiederholt sich – ein Phänomen, das auf unserer Erde nur noch in Neu-Guinea vorkommen soll.

Die Aufnahmen dieses Buches sind zum größten Teil bei den Masakin gemacht. Sie entstanden in der Zeit von 1962 bis 1969. Der Umstand, daß noch keine größere Straße durch ihr Gebiet führte, hat zweifellos dazu beigetragen, daß sie fast ohne Kontakt mit der Außenwelt ihr naturverbundenes Leben ungestört führen konnten. Es gab bei ihnen keine Missionare und keine Touristen. Sehr selten sind Fremde durch ihre Wohngebiete gereist. Ich konnte feststellen, daß die meisten der Masakin-Nuba noch nie eine weiße Frau gesehen hatten.

Ihre Häuser, die einen burgähnlichen Charakter haben, liegen verstreut auf verschiedenen Hügeln, die durch schmale oder breite Täler voneinander getrennt sind. Wenn man von Kadugli 50 bis 60 Kilometer über El Hambra an den Morobergen vorbei nach Süden reist, kommt man nach Reikha (arabisch) oder Tolabe, wie die Masakin-Nuba Reikha nennen. Dies ist das Ausgangsgebiet zu den von den Masakin bewohnten Bergen. Hier wohnt auch der *mak,* der Häuptling der Masakin von Tadoro. Tadoro ist die östlich nächstgelegene Hügelgemeinschaft von Reikha. Hier hatte ich meinen Stammsitz, von hier aus unternahm ich meine Streifzüge durch das ganze Masakingebiet.

Schätzungsweise leben noch 8000 Masakin-Nuba, die sich auf 15 bis 20 verschiedene Hügelgemeinschaften verteilen. Jede größere Gemeinschaft hat ihren eigenen *mak* (Häuptling) und ihren *kudjur* (Doktor und Priester). Nachbarn der Masakin-Quisar sind die Masakin-Tiwal. *tiwal* bedeutet auf arabisch: hoch, lang – *qisar:* kurz und *masakin:* arm. Die Masakin sind denn auch die ärmsten der Nuba, aber trotz ihrer Armut sind sie ein glückliches Volk.

Südlich von ihnen leben die Korongo-Nuba, die, da sie mehr Wasser als die Masakin-Nuba haben, mehr Vieh besitzen und deshalb auch wohlhabender sind. Sie überragen die Masakin oft um Kopfeslänge, da sie ungewöhnlich groß und stark sind. Dies ist darauf zurückzuführen, daß sie, vor allem die Männer, viel mehr Milch und Dura, die Hauptnahrung der Nuba, zur Verfügung haben. Aber die Masakin-Nuba sind bei den traditionellen Ringkampffesten trotzdem ernst zu nehmende Gegner, da

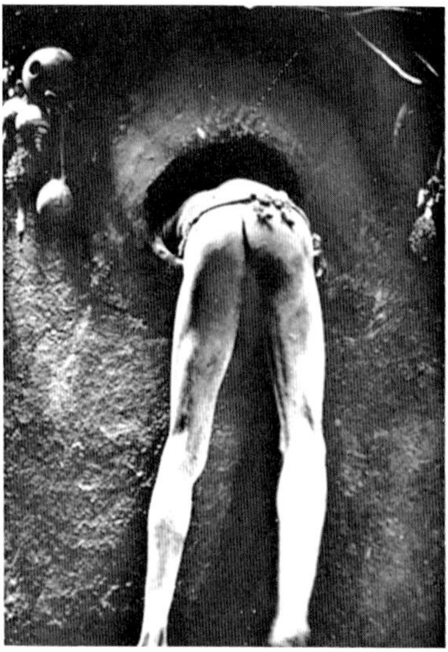

Der Eingang, nur 30 bis 35 Zentimeter im Durchmesser, führt in die Vorrats- oder Schlafräume der Nuba. Dank ihrer schmalen Hüften können sie sich wie ein Aal hier durchwinden. Die kleine Öffnung hat den Vorteil, daß diese Räume in der Hitze kühl und in kalten Nächten warm bleiben. Außerdem kann man sie leicht mit Steinen und Stroh verschließen, damit Tiere nicht das gelagerte Getreide auffressen.

sie durch besondere Geschicklichkeit die größere Kraft der Korongo-Männer ausgleichen. Unter den Masakin findet man edlere Gesichter. Die Hand- und Fußgelenke der Masakin sind schmäler und die Hände lang und schön geformt. Sprachlich können sich die Korongo und Masakin nicht verständigen, obgleich sie so nahe Nachbarn sind. Es ist bemerkenswert, daß nicht ein einziges Wort der Masakinsprache dem der Ko-

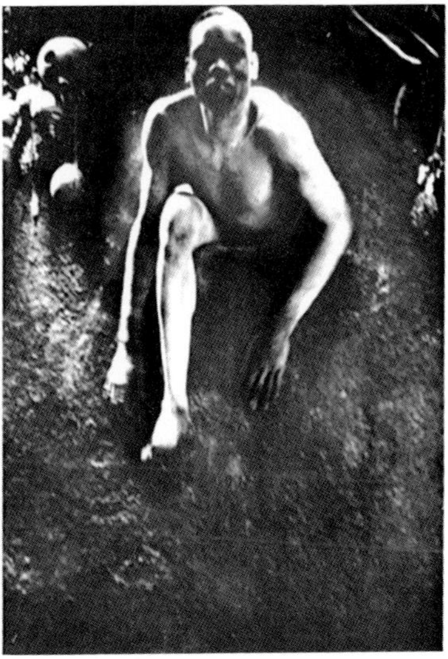 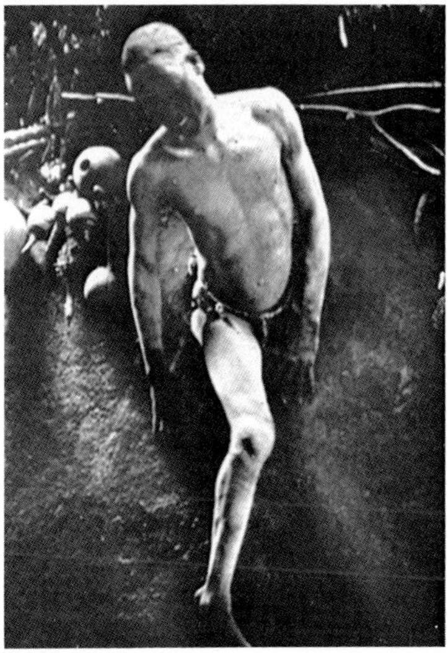

rongo gleicht oder auch nur ähnlich ist. Deshalb heiraten die Masakin fast nur Frauen ihres eigenen Stammes. Strenge Gesetze unterbinden, daß eine bestimmte Verwandtschaftsbeziehung überschritten werden darf. Inzucht wird unter den Nuba als das größte Verbrechen angesehen.

Die Nuba sind ein seßhaftes Agrarvolk. Das beste Kennzeichen für ihre ausgeprägte Seßhaftigkeit sind ihre Häuser, die wie kleine Burgen gebaut sind. Sie zeugen von einer alten, hohen Kultur und dem großen Schönheitssinn, den besonders die Masakin-Nuba haben.

Von außen sehen die Rundhäuser sehr einfach und karg aus. Nie steht ein Haus allein. Immer sind es fünf oder sechs Rundhäuser, die durch Verbindungsmauern einen runden Häuserkomplex bilden und so eine Einheit ergeben. Keines der Häuser hat ein Fenster. Es gibt in dem ganzen Komplex nur eine Eingangstür, die wie ein großes Schlüsselloch aussieht. Durch sie kommt man direkt in den Innenhof. Diese Innenhöfe, ob mit oder ohne Dach, sind sehr charakteristisch für den Schönheitssinn der Nuba. Hier versuchen sie mit ihren primitiven Mitteln dem Raum durch Malereien und plastische Ornamente eine persönliche Note zu geben. Ganz überrascht war ich, als ich in vielen Masakinhäusern Wände sah, welche mit einer blauglänzenden Glasur überzogen waren, die wie Keramik oder Marmor wirkt. Um diesen Effekt zu erzielen, werden die Wände mit einer graphithaltigen Erde eingeschmiert und dann mit dem Daumenballen oft tagelang gerieben, bis diese blaue Farbe und der starke Glanz entstehen. Auf die Lehmwände sind breite Borten mit verschiedenen Ornamenten gemalt. Meist wird auch die Wand, an der eine einfache »Dusche« angebracht ist, mit Malereien und Ornamenten besonders betont. Die »Dusche« ist nichts anderes als eine mit Wasser gefüllte Kalebasse, die meist durch Rinderhörner festgehalten wird und in der sich am oberen Rand eine kleine Öffnung befindet, aus der beim Kippen der Kalebasse ein dünner Wasserstrahl herausrinnt.

Die Häuser der Nuba sind auf Felssteine gebaut, so daß das Regenwasser abfließen kann. Für den Bau einer Nuba-Häuserburg benötigt ein Mann zwei Jahre, da er während der fünf Monate andauernden Regenzeit nicht bauen kann und in der Trockenzeit seinen Erntearbeiten nachgehen muß.

Da die Nuba nur über primitive Arbeitsgeräte verfügen – sie besitzen nur eine Axt, ein Messer und ein Stoßeisen – ist das Abschlagen der Gesteinsmassen sehr mühevoll und zeitraubend. Oftmals müssen große Felsblöcke weggerollt werden, wobei immer die Verwandten und Freunde helfen. Hierfür benutzen sie starke Baumstämme, wobei vier bis fünf Mann diese als Hebel einsetzen. Wenn diese Arbeit getan ist, werden die herumliegenden großen Steine zerkleinert. Diese kleinen Steine werden dort gelegt, wo nicht natürliche Felsen den festen Boden ersetzen. Die Steine werden so zusammengefügt, daß das Wasser, das in der Regenzeit in die Innenhöfe rinnt, abfließen kann. Dann werden größere Steine für die Grundmauern geholt und übereinandergeschichtet. Nach diesem Arbeitsgang werden die Wände der Rundhütten aus einer Lehmmasse geformt. Unten haben die Wände eine Dicke von etwa 30 Zentimetern, nach oben hin werden sie schmaler. Die Höhe der Wände beträgt 2 bis 3 Meter. In dieselben werden oben Hölzer eingelassen, an denen später die Arbeitsgeräte und Kalebassen aufgehängt werden können. Nachdem die Rundhäuser bis auf die Dächer fertiggebaut sind, werden die Zwischenwände errichtet, die die einzelnen Häuser miteinander verbinden. Der Durchmesser der Rundhäuser beträgt 3,5 bis 4 Meter, die Länge der Zwischenmauern 1 bis 1,5 Meter. Der Innenhof hat 5 bis 8 Meter Durchmesser. Jetzt werden die Dächer auf die Rundhäuser gesetzt. Dazu verwenden die Nuba dünne Baumstämme und starke Zweige, die sie sehr geschickt mit aus Baumrinde selbst angefertigten Stricken zusammenbinden. Für das Bedecken der Dächer mit Stroh benutzen sie gegabelte Baumstämme als Leitern. Das Stroh wird in Schichten so geschickt gelegt, daß auch der stärkste Regen nicht in die Häuser rinnt. Nach Fertigstellung des Hauses erfolgt der fröhliche Umtrunk mit Marissa, an dem alle Freunde und Verwandten teilnehmen. Diese fröhliche Feier findet im Innenhof statt. Der Innenhof ist der Hauptraum des Hauses, in dem sich auch die Kochstelle befindet, die nur aus ein paar Steinen besteht, auf denen ein großer, von den Nuba selbst angefertigter Tontopf steht. In diesem Raum spielt sich das sehr gesellige Leben der Nuba ab. Zum Sitzen werden Steine oder aus Holzästen gemachte »Stühle« verwendet. Nur vom Innenhof aus kann man die anderen Rundhäuser betreten. In zwei dieser Häuser ist der Eingang so klein, daß ein Fremder sich nicht durchwinden könnte. Es sind so winzige Löcher – im Durchmesser zwischen 30 und 35 Zentimeter – daß sich die Nuba wie ein Aal durchwinden müssen. Auch schon durch die Höhe, in der die Eingangslöcher sich befinden – etwa 1,5 Meter über dem Boden – ist es schwierig, in diese Häuser hineinzukommen. Es gibt verschiedene Gründe für diese so ungewöhnlichen Hauseingänge. Sie können leicht mit Steinen oder Stroh geschlossen werden. Dies geschieht, wenn ein Haus mit Dura gefüllt ist. Aber die Nuba benutzen diese mit dem kleinen Einstiegloch versehenen Häuser auch als Schlafräume, da sie hier am besten vor den sehr starken Stürmen geschützt sind. Auch sind diese Räume in den kalten Tagen wärmer und in den heißen Jahreszeiten kühler. Skorpionen, Spinnen und Schlangen wird das Eindringen erschwert. Dagegen sind die Eingänge zu den Häusern, in denen das Korn gemahlen wird und wo die gewaltig großen Töpfe – in denen die Marissa angesetzt wird – und die mit Wasser gefüllten Gefäße stehen, so groß, daß man sie ohne Schwierigkeiten betreten kann. Die Form dieser Eingänge ist ganz verschieden. Meist sind es ovale Öffnungen, die aber alle nicht bis zum Boden reichen. Nur der Haupteingang hat die Öffnung bis zum Boden. Sie ist oben breit und rund, unten ganz schmal zulaufend, so daß die Frauen mit ihren großen Körben das Haus betreten können.

Die Häuser sind für verschiedene Zwecke bestimmt. In einem der Häuser schläft der Mann, in einem anderen schlafen die Frau und die kleinen Kinder. Die größeren Mädchen schlafen in dem Haus, wo das Getreide gemahlen wird, und die Knaben teilen ihre Schlafstelle oft mit Hühnern und jungen Ziegen. Sind sechs Häuser vorhanden, dann ist das Eintrittshaus das Gästezimmer, das für die Besuche von weit entfernt lebenden Verwandten und Freunden vorgesehen ist.

Die Gastfreundschaft der Nuba ist sehr groß. Das Wertvollste was sie ihren Freunden anbieten können, ist eine Schale mit Wasser und eine mit Erdnüssen, von denen sie aber nicht sehr viele besitzen, da sie nur in der Regenzeit in der Nähe der Häuser angepflanzt werden können. Die ölhaltigen Erdnüsse sind für die Ernährung der Nuba wertvoll, aber leider nur eine Delikatesse.

Das Familienleben der Nuba ist sehr harmonisch. Bemerkenswert ist bei ihnen die fast gleichberechtigte Stellung der Frau, ganz im Gegensatz zu den Sitten anderer afrikanischer Stämme, wie z. B. bei den Masai, wo die Frau für den Mann weniger Wert als seine Lieblingskuh besitzt und keine freie Entscheidung bei der Wahl ihres Gatten hat. Ganz anders ist es bei den Nuba. Kein Mädchen kann von seinen Eltern gezwungen werden, einen bestimmten Mann zu heiraten. Oftmals werden zwar die jungen Mädchen, wenn sie noch nicht die Reife zum Heiraten haben, mit einem Mann verlobt, den die Eltern auswählen. Aber der für eine solche Verlobung gezahlte Brautpreis – meist ist es nur ein Rind, wenige Ziegen und Hühner – muß von dem Vater des Mädchens zurückgegeben werden, wenn das Mädchen sich weigert, diesen Mann zu heiraten – was sehr oft vorkommt. Wie bei fast allen Afrikanern gibt es auch bei den Nuba nicht die Einehe. Wenn trotzdem sehr viele Masakin-Nuba nur eine oder zwei Frauen haben, dann vor allem deshalb, weil sie zu arm sind, um auch nur den geringen Brautpreis für weitere Frauen aufbringen zu können. Erschwerend für das Heiraten mehrerer Frauen ist bei den Masakin-Nuba noch eine ganz besondere Sitte. Den Anspruch, verheiratet zu sein, hat nur die Frau, für die der Mann eine Häuserburg gebaut hat. Will er eine zweite Frau haben, muß er eine weitere Häuserburg bauen. Wie wir vorher gesehen haben, ist der Bau einer solchen Burg ein schwieriges Unternehmen. Trotzdem kenne ich einen noch ziemlich jungen Nubamann, der mit fünf Frauen verheiratet ist und auch fünf Häuserburgen im Laufe von nur sieben Jahren gebaut hat. Er lebt in Tadoro und heißt Notti. Wenn man Notti kennt, wundert man sich darüber nicht. Einen fleißigeren und fröhlicheren Menschen kann man sich nicht vorstellen. Er arbeitet von Sonnenaufgang bis in die Nacht. Selbst wenn wir abends alle gesellig beisammen saßen, flocht er aus Baumrinde oder aus festen Gräsern Stricke, die er entweder für den Bau seiner Häuser verwendete oder aber auch als Tauschware bei arabischen Händlern benutzte. Denn auf diese Weise konnte er seinen Viehbestand vermehren.

Je mehr Frauen ein Nuba hat, desto wohlhabender und angesehener ist er. Denn die Frauen sind eine wertvolle Arbeitskraft, besonders für die Feldarbeit. Sie versorgen den Haushalt, holen das Wasser – oft sind die Wasserstellen weit entfernt und die Wasserkübel so schwer, daß es kaum faßbar ist, mit welcher Grazie und Sicherheit die Frauen mit diesen schweren Gefäßen, die sie auf dem Kopf tragen, über die Felsen steigen. Sie müssen die Kleinstkinder versorgen und natürlich auch das Essen kochen. Die Mahlzeiten der Nuba sind sehr einfach. Es wird zweimal am Tag gegessen. Morgens um sechs Uhr, wenn die Sonne aufgeht und abends um sechs Uhr, wenn die Sonne untergeht. Die kleinen Kinder bekommen Zwischenmahlzeiten. Es ist immer dieselbe Nahrung – Durabrei. Dura (= Sorghum) ist ein Korngetreide, das sehr viel im Sudan angepflanzt wird. Es ist eine Art Hirse, die in Form von Maiskolben an Stengeln, die eine Höhe von zwei Meter erreichen, wächst. Die Körner sind etwas kleiner und nicht so weich wie Maiskörner. Sie müssen einen außergewöhnlich hohen Nährwert besitzen, denn 90 Prozent der Nahrung, die die Masakin essen, besteht aus Dura. Die Farben der reifen Kornkolben sind gelb, weiß und rotbraun. Je nach der Jahreszeit wird der Durabrei mit Wasser oder Milch gekocht. In der Trockenzeit gibt es in den Dörfern keine Kuhmilch und nur wenig Ziegenmilch, die meist die kleinen Kinder oder die werdenden Mütter bekommen. Die Kühe sind weit von den Dörfern entfernt, wo sie in der Nähe der Hirtenlager (Seribe) weiden. Die Milch dieser Kühe trinken nur die *kadumas*, das sind die jungen Ringkämpfer der Masakin-Nuba. Sie erhalten die beste Nahrung, denn sie müssen als Idol aller Nubastämme die Gesündesten und Stärksten sein.

Außer dem Durabrei gibt es hin und wieder gekochte Bohnen. Da die Bohnen nur in der Regenzeit in der Nähe der Hütten auf kleinen Flächen wachsen, gibt es sehr wenige. Fleischnahrung ist für die Nuba eine Seltenheit, da sie ihre Rinder nur anläßlich von Totenfeiern schlachten. Obgleich sie leidenschaftlich gern Fleisch essen, töten sie niemals ein Rind, um das Fleisch zu essen, sondern sie töten ihre Rinder nur als Opfer für ihre Toten. Nur wenn ein Rind durch Krankheit stirbt, dürfen es die Nuba essen, oder nach Totenfesten, wenn sie nicht nahe Angehörige der Verstorbenen sind. So verbleibt ihnen nur ab und zu ein Ziegenschmaus – ein Ereignis, das nur wenige Male im Jahr bei einer Familie stattfindet. Allerdings haben einige Masakin-Nuba auch kleine schwarze Schweine. Aber da diese Schweine kaum Nahrung finden und deshalb auch die Exkremente der Menschen fressen, vermeiden es viele Masakin, dieses Fleisch zu essen. Ab und zu wird ein abgemagertes Huhn geschlachtet, und bei seltenen festlichen Anlässen kann es sogar einen Hammelbraten geben. Wegen der schlechten Weidemöglichkeiten haben nur wenige Nuba einige Schafe. Sie essen auch bestimmte Insekten und Feldmäuse, die sie auf dem Feuer rösten. Die Trockenheit ist in den Nubabergen so groß, daß es keinerlei Obst und außer Bohnen kein Gemüse gibt. Das einzige, was sie als Ersatz hierfür haben, ist das Mark der Durastengel, sind Blätter und winzige Früchte, die unseren wilden Kirschen gleichen.

Ein besonders hohes Ansehen haben die alten Leute, ganz gleich ob Mann oder Frau. Ihre Erfahrungen und ihr Wissen werden respektiert. Wird einer der Alten krank oder gebrechlich, so werden sie von ihren Familienangehörigen betreut. Es ist schwer festzustellen, wie alt die Nuba werden, da keiner der Masakin weiß, wie alt er ist. Aus den Erzählungen der alten Leute konnte ich manchmal das Alter schätzen, wenn beispielsweise alte Männer von den Kämpfen berichteten, die sie im Verband mit sudanesischen Soldaten gegen die Ägypter und Türken geführt haben. Da diese Kämpfe Ende des vorigen Jahrhunderts stattgefunden hatten, mußten diese Männer ein sehr hohes Alter besitzen.

Die Masakin teilen ihre Mitglieder in verschiedene Altersstufen ein. Die erste Stufe sind die Kinder, die *nomaze* genannt werden. Die jungen unverheirateten Mädchen nennen sie *sirre,* die älteren Frauen *burr* und die alten Frauen *kella.* Die jungen Männer heißen *kaduma,* die Familienväter *urr.* Eine verheiratete Frau heißt *wariba,* eine Mutter *ageniba* und der Vater *agediba.* Geschwister werden als *gobbene* bezeichnet, auch dann, wenn sie nur Halb- oder Viertel-Geschwister sind.

Die Familie und die weitverzweigte Großfamilie sind ein in sich geschlossener Clan. Das Oberhaupt – es kann auch eine Frau sein – ist die von allen Mitgliedern der Familie anerkannte Autorität. Bei den Masakin-Nuba ebenso wie bei den Korongo wird in den meisten Fällen der Bruder der Mutter die Erziehung des jungen Knaben übernehmen. Er ist dann der Onkel-Vater, der vor dem wirklichen Vater die Rechte an dem Knaben besitzt. Dies ist eine uralte Regel dieser zwei Nubastämme, deren Sinn darin liegt, daß der Onkel objektiver die Erziehung des Knaben leiten kann als der eigene Vater. Es ist aber keinesfalls ein Zwang. Wenn der Vater sich von seinem Sohn nicht trennen will, muß er es nicht. Trennt er sich aber, dann wird sein Sohn auch das Erbe des Onkels übernehmen.

Die Jugend der Nuba führt ein glückliches, freies Leben. Die Kinder spielen den ganzen Tag im Freien unter schattigen Bäumen und werden von den älteren Geschwistern beaufsichtigt, gewaschen und gefüttert. Junge Mädchen im Alter von acht bis zwölf Jahren nehmen die Stelle eines Kindermädchens ein. Diese schleppen die kleinen Babies, auf ihrer Hüfte tragend, stundenlang herum.

Die Knaben betreuen das Vieh, führen Kühe und Ziegen zu den Wasserstellen und passen auf, daß keines der Tiere verloren geht oder von durchziehenden Nomaden gestohlen wird. Die kräftigsten der Knaben kommen schon im Kindesalter in die Hirtenlager (Seribe), wo sie von den *kadumas* (Ringkämpfern) erzogen werden, was der größte Wunsch eines Nubaknaben ist.

Ein besonders ungebundenes Leben führen die meist sehr hübschen jungen Mädchen. Außer Wasserholen gehen sie kaum einer Beschäftigung nach. So genießen sie vor ihrer Hochzeit, nach der sie um so schwerer arbeiten müssen, diese Freiheit in vollen Zügen. Ihr Hauptinteresse richten sie auf das Schmücken ihres Körpers. Schon als sehr kleine Mädchen werden ihnen von der Mutter oder größeren Schwester kleine Löcher durch die Nasenflügel und Ohren gebohrt. Auch der ganze Rand der Ohren, der später mit Perlen geschmückt wird, muß diese Prozedur erleiden. Da sich alle Eingeborenen sehr gerne schmücken, ertragen sie tapfer die Schmerzen. Wenn die Mädchen ungefähr vier Jahre alt sind, also die Haut noch sehr fein ist, sieht man sie mit vielen kleinen Holzstäbchen, die aus den Ohren und der Nase herausstehen, umherlaufen. Auch durch die Unterlippe bohren sie mit einem Dorn ein kleines Loch, das im Laufe der Jahre immer mehr vergrößert wird. Hineingeführt wird hier als Schmuck ein Draht mit einer roten Perle oder ein kleiner Elfenbeinstab. Die Nasenwandlöcher werden meist mit roten Perlen verdeckt.

Solange die Mädchen noch nicht ihre Periode haben, schmückt nur eine Perlenschnur ihre Hüften. Von dem Tag an, wo sie geschlechtsreif werden, tragen sie einen Schurz, den sie aus Wurzel- und Rindenfasern selbst herstellen. Beide Rindenschürzen heißen in Nuba *barega.*

Aber nicht nur die Gesichter werden geschmückt, sondern auch die Körper, die mit Schmucknarben verziert werden. Diese »Schönheitsoperationen« werden meist mit scharfen Dornen durchgeführt. Es werden aber auch feine Metallmesser oder Kristallsplitter für diese Arbeit verwendet. Fast jedes Nubamädchen und jeder Nubamann kann diese Tätowierungen ausführen. Aber es gibt auch bei den Masakin Spezialisten, die es besonders gut können und die für ihre Arbeit mit Geschenken von Sesamöl oder Hühnern belohnt werden. Die ersten Tätowierungen erhalten die Mädchen, wenn sie ihre Periode bekommen, dann wird zuerst die Brust tätowiert, wobei ganz der individuelle Geschmack berücksichtigt wird. Nicht jede Tätowierung gelingt, es ist immer ein Wagnis. Um mehr oder weniger plastische Formen zu erzielen, wird in die blutenden Wunden Asche gestreut, wodurch aber auch zu dicke und häßliche Narben entstehen können. Später werden die Oberarme und der Rücken tätowiert. Die auf den Rücken vorgenommenen Tätowierungen können besonders schön sein und wirken manchmal wie eine Spitze. Der Leib wird tätowiert, wenn ein Mädchen ihr erstes Kind erwartet. Bei jeder neuen Schwangerschaft kommt eine weitere Leibtätowierung hinzu.

Auch die Männer tätowieren sich. Hier sind die Tätowierungen auch als Beweis von Mutproben gedacht. Je mehr schöne Schmucknarben ein junger Mann besitzt, um so größer sind seine Chancen bei den Mädchen. Nach Aussagen der *kudjurs* (Medizinmänner) sollen diese Tätowierungen auf einen medizinischen Zweck zurückzuführen sein.

Die Tätowierungen, ein schon seit Jahrtausenden bestehender Brauch bei Naturvölkern, sollen die Körper gegen viele ansteckende Krankheiten immun machen, so wie es bei uns durch die Impfungen geschieht. Es sollen sich durch die oftmals durch Staub und Bakterien entzündeten Wunden Widerstandskräfte im Körper entwickeln. Eine Erklärung, die sehr einleuchtend ist. Andererseits dienen diese sehr schmerzhaften Tätowierungen auch dazu, daß die Menschen Schmerzen ohne zu klagen ertragen lernen. Wenn die Nuba sich diese Wunden einschneiden, dann ist ihr Ausdruck scheinbar gleichgültig. Nur ab und zu verrät ein Zucken an den Mundwinkeln den großen Schmerz, den sie verspüren. Selbst die kleinen Knaben müssen sich einer Mutprobe unterziehen. Wenn sie acht oder zehn Jahre alt sind, werden ihnen die zwei unteren Schneidezähne ausgebrochen. Ihre Körper werden von den Angehörigen bei dieser Prozedur auf den Boden gedrückt. Auch für diese uns so unverständliche Handlung gibt es eine medizinische Erklärung. Afrikanische Ärzte sagen, daß bei epileptischen Anfällen, bei denen die Kranken die Zähne fest zusammenbeißen, durch das Hineingreifen in den Mund des Epileptikers der Krampf gelöst werden kann.

Erwähnen möchte ich auch, daß die Nuba-Mädchen und Männer sich alle Haare an ihrem Körper entfernen. Dies geschieht aus Reinlichkeitsgründen, da es in diesem Teil der Nubaberge sehr staubig und sehr wasserarm ist. Da sie sehr schöne ausgeprägte Kopfformen haben, entstellt das in keiner Weise ihre Gesichter. Im Gegenteil, ihre Köpfe wirken dadurch noch ausdrucksvoller. Außerdem ist ihr Kopf nicht ganz ohne Schmuck. Sie lassen einige Millimeter lang ihr Haar wachsen und schneiden dann mit großer Geschicklichkeit Ornamente in die kurzen Haare. Hierbei zeigen sie viel Phantasie. Diese Frisuren nennen die Nuba *manga*.

Öl, das die Nuba aus Erdnüssen gewinnen und das für sie sehr wertvoll ist, benutzen die Mädchen und Frauen als Schönheitsmittel bei festlichen Anlässen. Sie reiben ihre Oberkörper damit ein und bemalen sich die Köpfe mit Rahm. Besonders schmücken sie sich so, wenn die Mondnächte heller werden und die Oku-Tänze beginnen. Bei diesen nächtlichen Tanzfesten wird oft die Brautwahl getroffen. Die ganze Jugend ist dann auf den Beinen. Der Flirt beginnt ganz unauffällig. Die Liebessprache der Nuba sind die Hände und die Augen. Je zurückhaltender ein Mädchen seine Gefühle zeigt, desto mehr Chancen hat es, zu gefallen. Eine Liebesannäherung kann Wochen, ja sogar Monate dauern. Die Masakin-Mädchen sind sehr stolz und selbstbewußt. Wenn sie überzeugt sind, daß der junge Mann sie vor allen anderen bevorzugt, werden sie etwas zutraulicher. Aber erst, wenn ein Mädchen dreimal mit dem Daumen an ihrem Mittelfinger knipst, zeigt sie dem Erwählten ihre Bereitschaft zu einem intimen Treffen. Dann verschwindet das Liebespaar in der Dunkelheit, wo die Liebenden oft von den kleineren Kindern, die so neugierig sind, verfolgt werden.

Die Tänze sind einfache Ringelreihentänze, wobei sich die Mädchen und Jünglinge und sogar die Kinder, um die Hüften geschlungen, festhalten und in gleichmäßigen Stampfschritten, wobei sie singen, stundenlang tanzen. In der Mitte der verschiedenen Kreise steht oder sitzt ein Jüngling, der den Chor dirigiert. Zu ihren bekannten Melodien improvisieren sie Texte, die die Ereignisse des Tages wiedergeben. Nicht selten war ich der Inhalt dieser Gesänge, deren Sinn immer voll Humor ist, weil die Nuba so gerne lachen. Sie lachen über alles, was in ihren Augen komisch ist. Niemals kommt es bei diesen Festen zu Ausschreitungen oder Obszönitäten. Die Zusammenkünfte strahlen Lebenslust und Fröhlichkeit aus, die die Nuba in so starkem Maße auszeichnet.

Bei den Masakin-Nuba war es in früheren Zeiten und auch noch bei meinem letzten Aufenthalt Sitte, daß die jungen Mädchen vor ihrer Eheschließung einen Monat lang isoliert zurückgezogen lebten. Sie wohnten dann in einem Kornhaus, wo die Dura aufbewahrt wird und erhielten eine besonders gute und reichliche Nahrung. Sie durften nur von ihren nächsten Angehörigen gesehen werden und konnten deshalb ihre Häuser nur in der Nacht verlassen. Meist waren es zwei oder drei Mädchen, die diese kultische Handlung gemeinsam ausführten. Während dieser Zeit waren die Mädchen am ganzen Körper weiß geascht. So bedeutsam diese kultische Handlung, die der Vorbereitung einer Eheschließung vorausging, erscheint, so wenig Aufhebens wird von der Hochzeit selbst gemacht. Es gibt kein Fest und sie wird kaum bemerkt, da die Eheschließung nur im engsten Kreise der Familie erfolgt. Eine Eheschließung wird bei den Masakin-Nuba nicht auf einmal vollzogen, sondern läuft in verschiedenen Perioden ab.

Meist ist das Mädchen, das heiratet, schon vor der Ehe die *sirre,* das heißt Freundin oder Geliebte des zukünftigen Mannes. Dies kann, muß aber nicht zu einer Ehe führen. Die freie Liebe vor der Ehe ist bei den Nuba nichts Unehrenhaftes. Uneheliche Kinder haben dieselben Rechte und werden ebenso geliebt und geachtet wie eheliche. Ein Mädchen, das ein uneheliches Kind hat, aber von dem Vater des Kindes nicht geheiratet wird, lebt mit dem Kind bei ihren Eltern und kann jederzeit heiraten.

Trotz dieser freizügigen Einstellung der Nuba gibt es aber, was Liebe und Ehe betrifft, einige seltsame Tabus: Wenn sich ein Nuba in ein Mädchen verliebt und sie heiraten möchte und das Mädchen damit einverstanden ist, übergibt er dem Vater des Mädchens den Brautpreis. Nahe Verwandte von beiden Seiten werden zu einem Marissa-Umtrunk eingeladen. Keine Feierlichkeiten oder irgendwelche kultischen Handlungen finden statt. Von nun ab ist das junge Mädchen seine Frau und wird von allen Nuba als *wariba* bezeichnet. Da der Ehemann aber noch kein Haus für seine Frau gebaut hat, vielleicht, weil er noch im Hirtenlager (seribe) lebt und Ringkämpfe durchführt, wird seine Frau solange, bis er das Haus gebaut hat, bei ihren Eltern wohnen. Der Ehemann darf sie aber tagsüber nicht besuchen. Wenn er das trotzdem tut, dann muß er vor der Tür warten, während sie im Haus bleibt – sie können sich nur per Distanz unterhalten. Auf keinen Fall wird er das Haus tagsüber betreten. Auch an anderen Plätzen darf er sich nicht mit ihr treffen, selbst dann nicht, wenn sie schon ein Kind von ihm haben würde. Er wird erst kommen, wenn alle schlafen und er muß am Morgen, »ehe die Hähne krähen«, also noch in der Nacht, das Haus wieder verlassen. Während er sich bei seiner Frau aufhält, darf ihm weder seine Frau noch deren Eltern oder Verwandte etwas zu essen oder zu trinken geben, auch dann nicht, wenn er hungrig oder durstig ist. Oft muß der Nubamann viele Stunden laufen, bis er das Haus, in dem seine Frau wohnt, erreicht hat. Natürlich hat er dann Hunger und Durst. Er muß daher seine Frau sehr lieben, um ein solches Opfer zu bringen. Diese uralte Sitte der Nuba, die bei den Masakin-Nuba noch immer streng eingehalten wird, hat einen erzieherischen Sinn. Die Männer sollen durch den Bau der Häuserburg ihren Beitrag für die Ehe leisten, denn nach der rechtsgültigen Ehe übernimmt die Frau, wie schon erwähnt, einen großen Teil der schweren Arbeit. Deshalb braucht die Frau, solange sie nicht das Haus erhalten hat, auch nicht für ihren Mann zu arbeiten.

Aber auch dann, wenn der Mann das Haus erbaut hat, sind noch nicht alle Tabus beseitigt. Die Frau wohnt jetzt zwar gemeinsam mit ihrem Mann in dem neuen Haus und übernimmt auch alle Pflichten einer Ehefrau. Trotzdem darf sie ein ganzes Jahr lang nicht gemeinsam mit ihrem Mann und ihren Kindern an den Mahlzeiten teilnehmen, obgleich sie dieselben zubereitet. Sie muß in ein anderes Haus gehen, meist das von Verwandten, wenn das ihrer Eltern zu weit entfernt liegt und muß dort ihre Mahlzeiten einnehmen. Erst wenn der Mann festgestellt hat, ob sich die Frau als Mutter und auch als Arbeitskraft bewährt hat, wird durch eine kleine Zeremonie die Ehe endgültig besiegelt. Anwesend sind hierbei wieder nur die allernächsten Verwandten und Freunde, die Geschenke mitbringen wie Marissa, Hühner oder auch kleine Schweine. Dann setzen sich die beiden Eheleute gegenüber. Vor ihren Füßen steht ein mit heißem Durabrei gefüllter Topf. Jeder der zwei Partner nimmt einen Löffel mit Brei in den Mund und spuckt dann, ohne etwas von dem Brei gegessen zu haben, denselben wieder aus. Danach essen Mann und Frau gemeinsam den ganzen Durabrei auf. Damit ist die Zeremonie beendet und von nun ab sind sie erst rechtsgültig ein Ehepaar. Hat die Frau dies einmal erreicht, dann ist ihre soziale Stellung gefestigt. Das ändert sich auch nicht, wenn der Mann später eine zweite oder auch dritte Ehefrau besitzt. Niemals wohnen zwei Ehefrauen in einer Häuserburg, was aber nicht bedeutet, daß sie sich nicht vertragen. Normalerweise ist das Verhältnis zwischen den Ehefrauen ein freundschaftliches, einmal deshalb, weil es uralte Tradition ist und sie etwas anderes nicht kennen, dann aber auch, weil sie Vorteile haben, wenn der Mann zwei oder drei Frauen besitzt. Sie müssen dann weniger arbeiten und können sich die Arbeit besser einteilen, was ihnen mehr freie Zeit schenkt. Trotzdem gibt es gerade bei den Masakin-Nuba auch echte und leidenschaftliche Eifersucht unter den Frauen. Sie ist selten zwischen den Ehefrauen zu finden, vielmehr dann, wenn der Mann neben seiner Frau oder seinen Frauen eine Geliebte hat, mit der er die meisten Nächte verbringt. Dann kann es vorkommen, daß die Ehefrau, mit einem Stock bewaffnet, die Geliebte ihres Mannes so stark verprügelt, daß manchmal ernsthafte Körperschäden entstehen. Aber auch umgekehrt ist es nicht selten, daß die Ehefrau ihren Mann, wenn er längere Zeit entfernt ist, betrügt. Erwischt der Ehemann seinen Rivalen, so schlägt er ihn halb tot.

Da die Masakin-Nuba außerordentlich stark gefühlsbetont sind, spielt die Liebe in ihrem Leben eine wichtige Rolle. Ihr starkes Gefühlsleben kommt am deutlichsten durch ihre Liebe zur Musik zum Audruck. Jeder Nubaknabe, Jüngling und Mann, ja fast jedes Mädchen, besitzt ein Musikinstrument, das sie sich selber anfertigen. Die meisten der Instrumente ähneln einer Leier, aber alle sind individuell verschieden in Form, Größe und Gestaltung. Es gibt ganz einfache und auch sehr kunstvoll angefertigte Instrumente. Der Klangkörper ist aus einer auseinandergeschnittenen Kalebasse gemacht, die mit Lederhaut überspannt ist, worin verschiedene kleine Löcher eingebrannt werden. Zur Verschönerung des Instruments wird manchmal der Klangkörper mit einem Fell überzogen. Mit einem Messer werden dann die Fellhaare so abgeschabt, daß kunstvolle Ornamente entstehen. Die Instrumente haben fünf Saiten. Die Nuba bevorzugen Stahlsaiten, die sie nur von den Arabern gegen Tausch von Tabakblättern oder Dura erhalten können. Diese Saiten, die an einem einfachen runden Stab befestigt sind, können einzeln durch Lockern oder Festziehen gestimmt werden. Bevor die Nuba mit dem Spielen ihrer fremdartigen monotonen Lieder beginnen, stimmen sie ihre Instrumente sehr lange, um einen guten Klang zu erzielen. Interessant ist, daß jeder

Nuba seine eigenen Melodien erfindet und ein ganzes Repertoire zur Verfügung hat. Ich konnte von weitem an den Melodien erkennen, wer mich besuchen kam. Schon morgens, wenn sie erwachen, greifen sie nach ihrem Instrument. Während der Mittagsrast spielen sie, oft dabei auf dem Boden liegend, und abends klingt ihre Musik, die sie *bene-bene* nennen, von den Felsen herunter, wo sie vor ihren Häusern sitzen. Selbst im Gehen spielen die Nuba ihre für den Fremden unvergeßlichen Melodien.

Auch hieraus kann man die so völlig andere Lebensart der Nuba, verglichen mit anderen afrikanischen Stämmen, ersehen. Als extremstes Beispiel sind die Masai, die in Kenia und Tansania leben, zu nennen. Diese, seit Jahrtausenden zu harten Kriegern erzogenen Masai, besitzen kein einziges Musikinstrument, nicht einmal eine Trommel. Mit Absicht sollte bei diesem Stamm zu Gunsten der kriegerischen Eigenschaften jedes Gefühlsleben unterdrückt werden – nur Kampf, Furchtlosigkeit, Stolz und tödlicher Mut werden bei den Masai gezüchtet.

Obgleich die Nuba in ihrer Vergangenheit hart kämpfen mußten, um sich vor den Sklavenjägern zu verteidigen, sind sie friedliebend. Bei den Masakin ist Diebstahl und Mord etwas Verabscheuungswürdiges und kommt, bis auf den traditionellen Raub von Ziegen, selten vor. Allerdings muß ich hier die Einschränkung machen, daß sich diese Eigenschaften verändern, sobald unter die Nuba Geld kommt, was einen außerordentlich negativen Einfluß auf ihren Charakter ausübt. Dies stellte ich während meiner letzten Expedition im Jahre 1969 fest. Während ich bei früheren Besuchen meine Kisten monatelang unverschlossen im Freien stehen lassen konnte, war es nun nicht mehr möglich. Diese betrübliche Erscheinung ist damit zu erklären, daß einige der Nubamänner infolge sehr schlechter Erntejahre in die Städte gehen mußten, um etwas Geld zu verdienen, wofür sie sich ein Rind oder einige Ziegen kaufen konnten. In den Städten sahen sie, wie man mit Geld alles kaufen kann. Dies übte eine verheerende Wirkung auf sie aus. Denn die Nuba hatten sich jahrhundertelang von der Außenwelt abgeschlossen und fast alles, was sie zum Leben brauchten, selbst erzeugt. Die wenigen Dinge, die sie nicht besaßen oder nicht herstellen konnten, erhielten sie auf dem Tauschweg durch Dura oder Tabak von Arabern, zum Beispiel Perlen, Eisenteile für ihre Arbeitsgeräte (die Masakin erzeugen kein Eisen, auch haben sie keine Schmiede), weiße Tücher, mit denen sie ihre Toten einkleiden und bunte Stoffe, mit denen sich die Ringkämpfer schmücken. Sie kannten nichts anderes und waren mit dieser Lebensform glücklich und zufrieden. Geld erzeugt unter diesen Naturkindern Neid und den Wunsch, auch in den Besitz von Geld oder Werten zu kommen, eine Eigenschaft, die ihnen früher fremd war. Die nicht aufzuhaltende Zivilisation wird in naher Zukunft auch die Masakin-Nuba erfassen und sie umformen. Ich hatte das Glück, sie noch in ihrer ursprünglichen Lebensweise kennenzulernen und diese in Bildern, Film- und Tonaufnahmen festzuhalten. Es war ein Einblick in ein bald verlorenes Paradies.

mak und *kudjur*

Jede der Hügelgemeinschaften der Masakin-Nuba hat einen *mak* und einen *kudjur*. Der *mak* ist der Führer, der für die Gerichtsbarkeit und die sozialen Probleme der Nuba zuständig ist. Zugleich ist er die auch von den Sudanesen anerkannte Autorität, der die Interessen der Nuba und die der Araber vertreten soll. Seine Stellung ist erblich, ebenso wie die des *kudjur*, der nur für die religiösen und kultischen Dinge als Priester und Medizinmann tätig, aber für die Nuba die weit angesehenere Persönlichkeit ist.

An jedem Freitag gibt es vor dem Hause des *mak* die wöchentliche Gerichtsverhandlung. An dieser nehmen auch die *maks* anderer Hügelgemeinschaften teil. Schon am frühen Morgen versammeln sich die Häuptlinge unter dem Schatten alter, großer Affenbrotbäume (Baobab-Bäume). Zu ihnen gesellen sich die *baredas*, die angesehensten Männer der verschiedenen Gemeinden (eine Art Ältestenrat) und dann erscheinen die sogenannten »Sünder«, über die nach langen Beratungen ein Urteil gefällt wird.

Erstaunlich ist, daß die Beklagten freiwillig, ohne jeden Zwang vor diesem Gericht erscheinen. Mit ihnen kommen auch nahe Verwandte, die sich etwas entfernt von dem Kreis halten, in den die Beklagten nach Namenaufrufung hineingehen. Manchmal ist es nur eine Person, aber es können auch zwei und mehrere zugleich sein. Die Angeklagten setzen sich auf die Erde, die Beine vor sich ausgestreckt und haben die Augen wie schuldbewußt niedergeschlagen. Dann befragt der *mak* in ruhiger Art die Angeschuldigten. Es gibt fast immer die gleichen Anklagen und die Beschuldigten kennen meist das Urteil schon im voraus. Es handelt sich in der Mehrzahl um drei Delikte. Erstens Ehebruch und das »Stehlen« einer *sirre* (junges Mädchen), zweitens um den traditionellen Ziegenraub und drittens um Erbschaftsangelegenheiten. Ehebruch wird sehr schwer bestraft. Ist es ein Mann, dann muß er noch am selben Tag dem betrogenen Ehemann dessen Brautpreis zurückgeben (ein oder zwei Rinder), und er muß, je nach der Schwere des Falles, wenigstens drei Monate – aber es können auch sechs Monate sein – ins Gefängnis. Dieselbe Strafe erhalten die jungen *kaduma* für den Ziegenraub. Dieser Raub von Ziegen wird fast nur von den sehr jungen Ringkämpfern, während sie im Hirtenlager leben, ausgeübt.

Sie veranstalten dann ein heimliches Ziegenessen, zu dem sie auch ihre älteren Kameraden einladen. Selbst die jungen Männer, die sich nur an der Mahlzeit des Ziegenbratens beteiligen, erhalten dieselbe Gefängnisstrafe wie die Täter selbst.

Dem *mak* stehen zwei bis drei Nubapolizisten zur Verfügung, unter deren Führung die »Sünder« ihren 55 Kilometer langen Fußmarsch nach Kadugli antreten, wo sie im Gefängnis der sudanesischen Polizei abgeliefert werden. Es ist sehr aufschlußreich für den Charakter der Nuba, daß diese Nuba-Polizisten noch niemals von den Verurteilten angegriffen wurden, obgleich die bestraften Nuba meist in der Mehrzahl gegenüber ihren Bewachern sind. Nur ein einziges Mal erlebte ich, daß ein beschuldigter Nuba-Ringkämpfer nicht zur Verhandlung erschien und bis nach Khartoum flüchtete. Er tat es deshalb, weil er sich unschuldig fühlte. Er war verspätet zu dem Ziegenschmaus gekommen und soll nur noch einen abgeknabberten Knochen erhalten haben. Hierfür erschienen ihm drei Monate Gefängnis als eine zu hohe Strafe, und so verschwand er über die Berge. Es war Tukami, einer der besten Ringkämpfer von Tadoro und ein guter Bekannter von mir, der nach einem Jahr Abwesenheit nach Tadoro zurückkehrte und seine Strafe mit dem Geld abzahlen konnte, das er sich mit schwerer Arbeit in Khartoum verdient hatte. Er war froh, wieder in sein gewohntes Leben zurückzukehren.

In der Gefangenschaft werden die Nuba für Straßenbau und Landarbeiten eingesetzt. Kommen sie nach Verbüßung der Strafe zurück, werden sie daheim wie Helden gefeiert.

Erwähnen möchte ich noch, was es mit dem »Stehlen eines Mädchens« auf sich hat. Freie Liebe ist bei den Nuba bekanntlich erlaubt. Junge Mädchen und Männer können sich lieben, ohne daß ihnen Vorurteile entgegengebracht werden. Doch gibt es auch hier Gesetze. Ein junges Mädchen gilt als verlobt, wenn für sie der Brautpreis bezahlt wurde – war sie also einem Mann versprochen, sei es auf eigenen Wunsch oder den ihrer Eltern, dann darf kein anderer Mann mit ihr schlafen. Geschieht dies und wird es dem *mak* gemeldet, dann wird der Mann mit Gefängnis bestraft. Liegt die Untreue eindeutig bei dem Mädchen, dann erhält das Mädchen dieselbe Strafe, auch sie muß ins Gefängnis. Die freie Liebe ist also nur dort ungestraft erlaubt, wo beide Partner frei sind und niemandem etwas weggenommen wird.

Es gibt noch andere Tabus bei den Masakin, die aber nicht mit Gefängnis, sondern nur mit Verachtung bestraft werden, was für die Nuba eine viel härtere Strafe ist.

Eines dieser sehr strengen Tabus ist, daß kein Masakin-Nuba Geschlechtsverkehr mit seiner Frau während ihrer Schwangerschaft haben darf. Darum wird die Frau, die ein Kind erwartet, in das Haus ihrer Eltern ziehen. Kommt es einmal vor, daß der Ehemann während dieser Zeit seine Frau nachts heimlich besucht und wird das entdeckt, dann kann er sich in seinem Dorf nicht mehr sehen lassen. Selbst die Kinder würden mit Fingern auf ihn zeigen und ihn verhöhnen. Es bleibt dem Mann nichts anderes übrig, als sich in einem anderen Nubadorf niederzulassen. Auch bis zu zwei Jahren nach der Geburt soll die Frau keinen Intimverkehr haben, da bis zu dieser Zeit die Mädchen und Frauen ihre Babies stillen. Nach den religiösen Vorstellungen der Nuba bedeutet eine geschlechtliche Vereinigung in diesen Perioden des entstehenden menschlichen Lebens eine Verunreinigung für das Kind. Sie glauben, daß die Eltern durch eine später auftretende Krankheit des Kindes dafür bestraft werden. Aus Furcht vor solchen Folgen leben die Masakin immer noch nach diesen uralten überlieferten Gesetzen.

Jedes Mädchen möchte ein Kind haben. Kindesabtreibungen gibt es nur, wenn der ganz seltene Fall von Inzucht eintritt. Dann wird der *kudjur* zu Hilfe gerufen. Unter seiner Beihilfe wird die Mutter des Mädchens den Leib desselben so lange kneten, bis das Mädchen das Kind verliert. Auf keinen Fall darf ein Kind geboren werden, das aus einer Vereinigung von zu nahe verwandten Menschen entsteht.

Die Liebe der Nuba zu ihren Kindern ist sehr groß. Leider ist die Sterblichkeit der Kinder bis zum dritten Lebensjahr sehr hoch – sie beträgt ungefähr 50 Prozent. Die sudanesische Regierung hat bis in die entferntesten Täler der Nubaberge kleine Hospitäler eingerichtet, die von einem Hilfsarzt betreut werden, dem auch Verbandszeug und die wichtigsten Medikamente kostenlos zur Verfügung stehen. Aber wie schon der berühmte Urwaldarzt Albert Schweitzer jahrelang um das Vertrauen der Eingeborenen warb, um ihnen helfen zu können, so schwierig stellt sich das Problem auch bei den Masakin. Die Familie will sich von ihren kranken Mitgliedern nicht trennen. Sie vertrauen auf die Kraft ihres *kudjur*.

In der Vergangenheit muß die Stellung des *kudjur* von noch größerer Bedeutung gewesen sein. Er war der Regenmacher, von ihm hing es ab, ob die Ernte gut oder schlecht wurde, er hatte sogar über Tod und Leben zu entscheiden und mußte selbst sein Leben lassen, wenn er versagte. Heute ist die Bedeutung des *kudjur* viel geringer geworden. Noch ist er Priester und Arzt und sein Rat wird von vielen eingeholt. Aber seine wichtigste Rolle hat er nur noch, wenn die Nuba mit den Seelen ihrer Verstorbenen in Verbindung treten wollen. Ich habe einer solchen spiritistischen Sitzung in Tadoro beigewohnt. Der *kudjur*, der in dem Haus des Verstorbenen eingeschlossen wird und der als Medium ein Huhn benutzt, stellt mit Hilfe des Mediums den Kontakt zwischen der Seele des Toten und den Angehörigen her. Gelingt der Kontakt, was nicht immer der Fall ist, dann richten die vor dem verschlossenen Haus sitzenden Angehörigen an den Verstorbenen ihre Fragen und erhalten, wie sie fest glauben, aus dem Haus die Antworten, nach denen sie dann handeln.

Diese Tür, die die Form eines großen Schlüsselloches hat, ist der einzige Eingang, durch den man in das Innere des Hüttenkomplexes gelangt. Die große Rundung der Tür ermöglicht es den Frauen, die Hütten zu betreten, ohne ihre schweren Körbe oder Töpfe vom Kopf zu nehmen.

Gegenüber von Tadoro, durch ein breites Tal getrennt, liegt das Dorf Tosulo. Die Hütten sind wie kleine Burgen in Gruppen gebaut.

Die Lieblingsbeschäftigung der Nuba: musizieren.

In der Nähe von Dilling, nördlich von Kadugli, findet man diese bizarren, felsigen Berge.

Häusergruppen in Taballa im Schatten eines Affenbrotbaums.

An diesem Bild erkennt man die große Höhe, die Nubahäuser haben können. Die Außenwände sind ungefähr zwei bis drei Meter hoch, die Mitte der Räume drei bis fünf Meter.

Die Öffnung zum »Kornhaus« wird mit Stroh verschlossen. Die Duraernte ist dort untergebracht. Stolz sitzt der »Herr des Hauses« vor seinem Besitz.

Wegen der großen Hitze ruhen die Nuba während der Mittagszeit im Schatten ihrer *rakoba,* die sich in der Nähe der meisten Nubahäuser befindet. *rakoba* – aus dem Arabischen kommend – ist ein schattenspendendes Dach, mit Durastengeln abgedeckt und von kleinen Baumstämmen gestützt.

Der Stolz eines jeden Nuba sind seine Rinder. Es ist fast der einzige Reichtum, den die Nuba haben. Von der Anzahl der Tiere wird seine soziale Stellung bestimmt. Wenn ein Masakin-Nuba mehr als fünf Rinder besitzt, gilt er als wohlhabend. Die Knaben und Jünglinge behüten die Herde und spielen dabei auf ihrer Leier.

Auch Mädchen musizieren. Diese Leier ist eine Variante des Instrumentes, dem eine halbkugelförmige Kalebasse als Klangkörper dient.

Fleisch ist für die Nuba ein seltener Festschmaus. Infolge Wassermangels gibt es kaum Wild. Die Rinder werden nur anläßlich von Totenfesten getötet. Ist jedoch ein Rind erkrankt und der Tod wahrscheinlich, wird es geschlachtet und gegessen. Ein solches Tier wird hier zerlegt.

Neugierig schauen die Mädchen in meine Hütte (die die Nuba mir gebaut haben). Durch ihre lebhafte Mimik und ihre Zutraulichkeit begann ich langsam, ihre Sprache zu erlernen. Sie haben so reizende Namen wie Kaka, Kiki, Notto, Nolli, Tutu.

Alte Leute verbringen die meiste Zeit zu Hause. Häufig kümmern sie sich um ihre Enkel, während deren Eltern auf den Feldern sind. Ihre Erfahrungen werden von den Jüngeren sehr geschätzt.

Ein junges Mädchen aus Tadoro ist erkrankt. Sie wird vom *kudjur*, dem Medizinmann der Masakin-Nuba behandelt.

Die Masakin arbeiten die meiste Zeit sehr schwer, aber sie vergessen nie, sich zu entspannen. Am liebsten greifen sie dann zu ihrer Leier.

Um ihre Hütten zu verschönern, reiben die Nuba Graphit auf einige ihrer Lehmwände. Tagelang glätten sie geduldig mit dem Daumenballen die graphithaltige Erde, bis die Wände wie blauer Marmor glänzen. Junge Kälber, die noch besonderer Pflege bedürfen, werden in den Häusern untergebracht.

Ein Mädchen duscht sich. Das Wasser, das sehr sparsam verwendet werden muß, fließt durch eine kleine Öffnung der über dem Kopf des Mädchens angebrachten Kalebasse. Der Duschplatz ist mit Ornamenten und Malereien geschmückt.

Ein Mädchen auf dem Weg zum Ringkampffest. Ihren Körper, der wie schwarzer Marmor glänzt, hat sie eingeölt. Dies bedeutet für die Nuba Schönheit und ist ein Zeichen von Wohlhabenheit, denn Erdnußöl ist für sie kostbar.

Dieselbe Sorgfalt und Geschicklichkeit wie beim Bau ihrer Häuser verwenden die Nuba auch für deren Ausschmückung. Zu natürlichen Erdfarben – hauptsächlich ocker und rot – kommt weiß aus Kalk und schwarz aus Ruß oder Holzkohle.

Die Malereien im Innern der Nuba-Häuser bestehen aus geometrischen Formen und gegenständlichen Motiven.

Diese Rundschilde sind aus Elefantenhaut angefertigt. Sie sind sehr wertvoll, da es schon seit mehreren Jahrzehnten keine Elefanten mehr in diesem Gebiet gibt. Die Schilde werden vererbt und nur noch bei Speerkämpfen, die zu Ehren der Toten abgehalten werden, benutzt.

In vielen Nubahütten findet man an den Wänden die plastisch stilisierte Form der weiblichen Brust. Anthropologen deuten dies so, daß bei den Nuba in Urzeiten das Mutterrecht herrschte. Auch heute noch drücken sie damit die Verehrung für die Mütter und Frauen aus.

Das Einschneiden von Schmucknarben ist bei den meisten Eingeborenen des Sudans eine uralte Tradition. Sie können Stammeszeichen sein oder, wie bei den Nuba, der Schönheit dienen.

Nachdem Nallu die von seinem Freund vorgezeichnete Linie mit einem Glassplitter nachgeschnitten hat, wischt er mit einem Strohhalm das nachfließende Blut ab. Ein Nubajüngling ist erst dann ein *kaduma* (Ringkämpfer), wenn sein Körper viele Schmucknarben aufweist.

Durch die trockene Hitze heilen die Wunden schnell. Schon wenige Minuten nach dem Schneiden fließt kein Blut mehr.

Die plastische Form der Tätowierung entsteht durch Asche, die vor dem Verheilen in die Wunde gestreut wird.

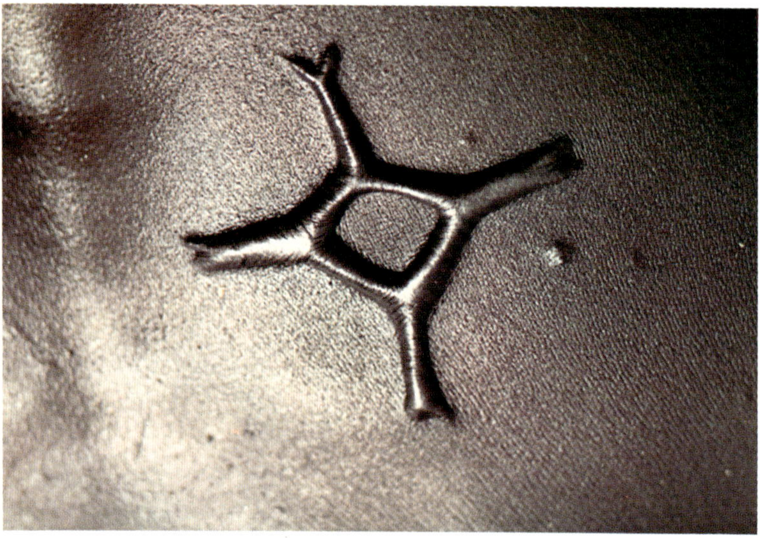

Es ist interessant, daß verschiedene Formen der Schmucknarben an christliche Symbole erinnern. Vom 6. bis zum 15. Jahrhundert gab es im alten, nördlichen, am Nil gelegenen Nubien christliche Königreiche.

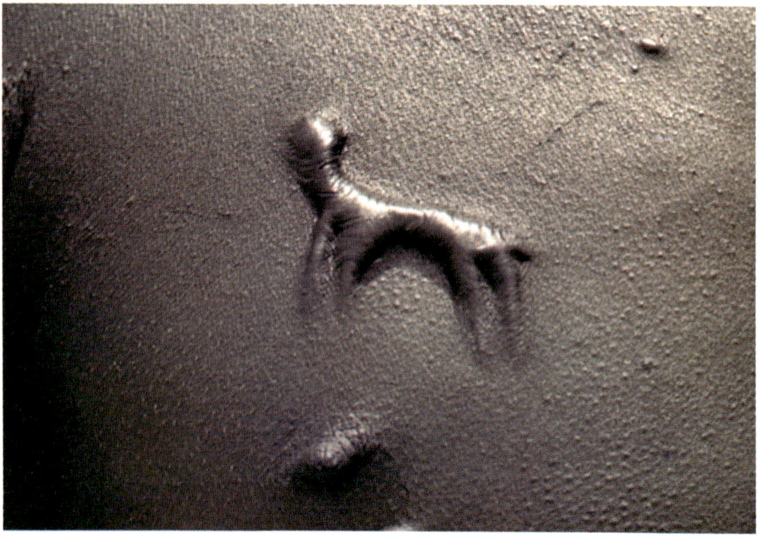

In der Nahaufnahme zeigt sich die plastische Wirkung der Schmucknarben sehr schön.

Der junge Mann ist stolz auf seine besonders gut gelungenen Schmucknarben.

Dieses Nuba-Mädchen mit der langen roten Perlenkette ist aus Korongo, der Nachbarschaft der Masakin. Die Tätowierungen bedecken ihren Körper wie eine zarte Spitze.

Zwei Freunde. Bei den Masakin gibt es die Blutsbrüderschaft, die meist in der Seribe geschlossen wird und bis ans Lebensende hält.

manga nennen die Nuba diese für ihren Stamm so typischen Frisuren. Sie erfinden immer wieder neue Formen. Fast nie gleicht ein Muster dem anderen.

Die Nahaufnahme zeigt, wie die Nubamädchen ihre Ohrmuscheln schmücken. Wenn sie etwa vier Jahre alt sind, durchbohren die Mütter ihnen mit Dornen die Ohrränder. Nach Verheilen der Wunden werden dann Perlen, Metallplättchen und Münzen mit einem feinen Draht an den Ohren befestigt.

So festlich geschmückte Mädchen kann man nur beim Besuch der großen Ringkampffeste sehen.

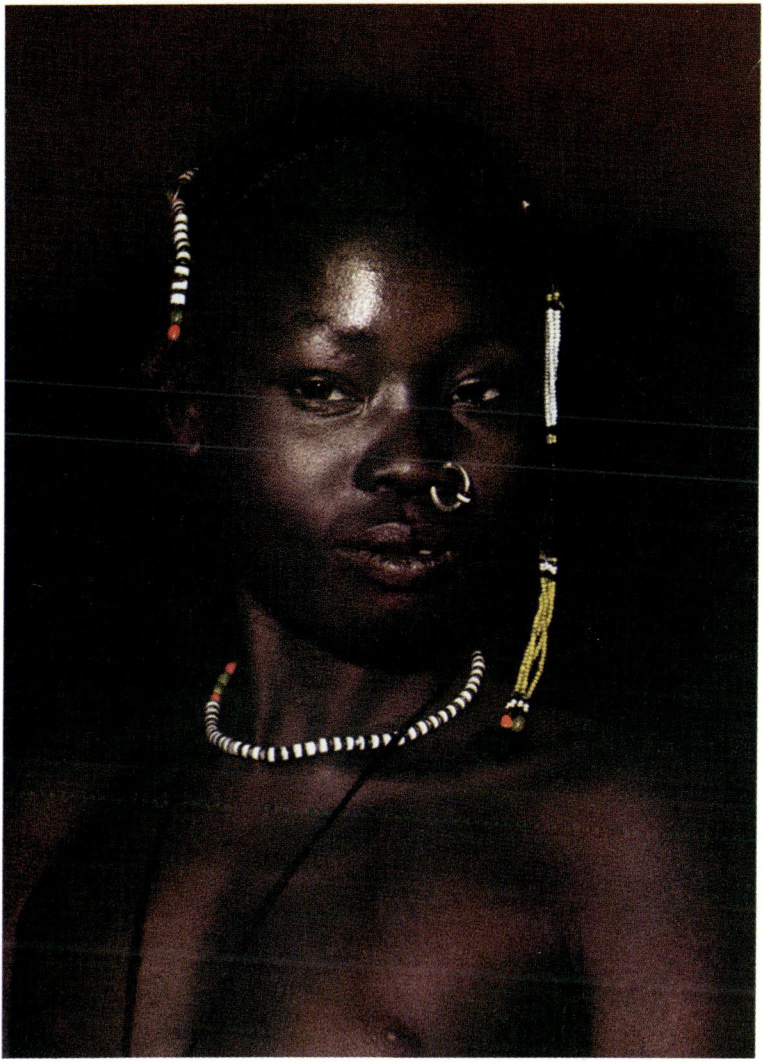

Dieses junge, sehr schöne Mädchen heißt Toddo, auf deutsch Perle.

Sehr junges Mädchen aus Tadoro.

Nolli.

Die jungen Hirten tragen als Schmuck einen einfachen Gürtel aus Schnüren und nußähnlichen Früchten um ihre Hüften.

Tukami, einer der stärksten Ringkämpfer aus Tadoro.

Das ist Dia aus Taballa. Der Silberring im Ohr wird von allen Nuba getragen. Sie erhalten die Ringe durch Tausch in Talodi, und sie werden ebenso wie die schweren Messingreifen an die Söhne vererbt.

Mädchen mit sehr stark ausgeprägten Schmucknarben.

Eine junge Mutter mit ihrem Kind. Die weißen Kreuze auf ihrem Leib bedeuten, daß sie ihre Periode hat. Während dieser Tage darf niemand sie berühren. Die Frauen gelten in dieser Zeit als »unrein«.

Dieses sehr schöne Mädchen ist aus Fama (Korongo).

Ein Ehepaar aus Dormo (Masakin).

Steppenbrände, die sich in den heißen Monaten der Trockenzeit bei Temperaturen bis zu 44 Grad Celsius von selbst entzünden, vernichten oft

Felder und Häuser der Nuba. Der blühende Strauch, dessen Blüten, Zweige und Wurzeln giftig sind, heißt Adenium Hongel.

Ein *kaduma* aus den Korongobergen mit seinen Geschwistern. Den Gürtel haben in der Vergangenheit alle Masakin- und Korongo-Nuba

getragen. Heute sieht man ihn nur noch selten. Die Nuba nennen diesen Gürtel *dindi.*

Gua, der stärkste Ringkämpfer aus Tosari – er wurde nie besiegt.

Der geschmückte Kopf einer Nubafrau. Die schweren Töpfe und Körbe, die die Frauen tragen, werden auf einen mit Stoffbändern umwickelten Ring gestellt, den sie *tuja* nennen.

Ernte

Die Nuba sind ein Agrarvolk, der Besitz der Tiere ist von geringerer Bedeutung. Die folgenden Informationen über Ernährung und Erntearbeiten beziehen sich ausschließlich auf den Stamm der Masakin-Nuba. Sie sind durch die Forschungsarbeiten, die Rolf Engel 1962/63 für das Max-Planck-Institut bei den Masakin-Nuba durchführte und die er in seinem Bericht ›Spezielle Untersuchungen der Landwirtschaft in den Nubabergen‹ (Frankfurt/Main 1966) veröffentlichte, wissenschaftlich untermauert. Ich war während der ganzen Zeit, in der Rolf Engel seine wissenschaftlichen Forschungsarbeiten durchführte, täglich mit ihm beisammen, und konnte auch bei meinen späteren Expeditionen beobachten, daß die Feststellungen von Rolf Engel immer noch in unveränderter Form zutreffen.

Bemerkenswert ist, daß die Masakin alles, was sie zum Leben benötigen, selbst erzeugen. Sie sind daher unabhängig, was aber nicht bedeutet, daß sie alles Lebensnotwendige in reichlichem Maße besitzen. Das ist nur in einem guten Erntejahr der Fall. Bei einem weniger guten Erntejahr müssen sie viele Entbehrungen auf sich nehmen und bei einem sehr schlechten sterben sogar manche an Hunger. Der Hunger kann der größte Feind der Nuba werden. Da sie kaum Geld besitzen und auch wenig Tauschwaren haben, können sie sich in den Hungerjahren weder Getreide noch Vieh kaufen. Ich fragte meine Nubafreunde, wie sie solche Notzeiten überstehen, und sie alle antworteten das gleiche. Mit melancholischem Lächeln sagten sie: »Nuba pengo« (Nuba sterben). Sie nehmen das Sterben wie etwas Schicksalhaftes hin – gegen das sie sich nicht wehren und gegen das sie auch kaum ankämpfen. Es ist fast unbegreiflich, daß die Masakin bei guten Erntejahren keine Vorräte für schlechte Erntejahre aufbewahren. Haben sie in einem guten Erntejahr großen Überschuß an Dura, dann werden so viele Stammes- und Familienfeste abgehalten, bis dieser Überschuß an Getreide aufgebraucht ist.

Da eine gute Ernte für die Nuba lebenswichtig ist, ist die hohe Stellung des *kudjur*-Priesters zu verstehen.

Einige der kultischen Gebräuche, die mit der Ernte zusammenhängen, haben sich bis zur heutigen Zeit erhalten. So leben viele der Masakin-Nuba vor dem Einholen der Ernte sehr enthaltsam – in ihrer religiösen Vorstellungswelt würde der Geschlechtsverkehr einen unheilvollen Einfluß auf die Ernte ausüben. Ferner bestäuben sie sich bei einigen der Erntearbeiten mit der weißen Asche, allerdings fast immer nur die Männer. Nur wenn die Frauen die Durakörner sieben, sind sie oftmals eingeascht, nicht aber, wenn sie die Durakolben in ihren Körben von den Feldern zu den Sammelplätzen tragen. Wenn die *kaduma* (Ringkämpfer) die Durastengel schneiden, malen sie sich Ornamente auf den Körper.

Wenn die älteren Männer, das heißt Männer, die schon verheiratet sind, die Dura dreschen, aschen sie sich vollständig ein. Auch die kleinen und großen Ringkampffeste, bei denen die alten kultischen Gebräuche der Nuba noch am sichtbarsten in Erscheinung treten, sind eng mit der Ernte verbunden. Es gibt kein Fest, wenn nicht genügend Dura für das Marissa-Bier vorhanden ist. Diese Feste sind Freuden- und Dankesfeste an ihren uns unbekannten Gott. Darum verschwenden sie auch bei den Festen so großzügig ihren Reichtum an Dura.

Bei den Masakin und auch vielen der benachbarten Nubastämme hat jeder in der Gemeinschaft lebende Nuba das Recht, Land zu besitzen. Ein uraltes Gesetz, das vor allem einen Schutz für diejenigen bedeutet, die für lange Zeit ihre Gemeinde verlassen müssen. Kommen sie zurück, erhalten sie ihre Felder, auch wenn sie Jahre abwesend waren. Die Nuba müssen hart arbeiten, um leben zu können und dies fast während des ganzen Jahres. Es gibt eine Regenzeit und eine Trockenzeit. Die Regenzeit kann schon Anfang April beginnen, in manchen Jahren aber erst ab Ende Mai. Normalerweise dauert sie fünf Monate, in denen es natürlich nicht immer regnet. Die stärksten Regenfälle sind von Juni bis September – hier werden Niederschläge zwischen 10 und 20 Zentimeter gemessen, während im Mai und manchmal auch im Oktober 5 bis 10 Zentimeter Regen fallen. Kurz vor Beginn der Regenzeit, im April, ist es am heißesten – die Durchschnittstemperatur beträgt dann im Schatten 40 Grad Celsius. Am »kühlsten« ist es in den Regenmonaten Juli und August mit 31 Grad. Ab September steigt das Thermometer von Monat zu Monat um ein bis zwei Grad.

Die Hauptarbeit der Nuba ist die Bestellung ihrer Felder. Sie benutzen für diese Arbeit nur zwei primitive Geräte. Für das Ausheben von Saatlöchern verwenden sie einen mannshohen Holzstiel, an dem ein in gleicher Richtung verlaufendes Eisenblatt mit einer Länge von 10 bis 12 Zentimetern befestigt ist, das sie von den Arabern auf dem Tauschweg erhalten.

Das andere Gerät, das einer Hacke ähnelt, wird zur Flächenbearbeitung benutzt, wozu neben der Unkrautbekämpfung auch das Abhacken der schon abgeernteten Durastengel gehört. Diese Arbeiten werden in der Hockestellung ausgeführt. Der Stiel dieser Hacke ist nur etwa einen Meter lang. Er hat einen geschnitzten Griff und ist unten wie eine Astgabel gebogen, an der ebenfalls ein etwa 10 Zentimeter breites Eisenblatt so angebracht ist, daß es beim Schlagen parallel zum Boden verläuft.

Ein Rad benutzen die Nuba für diese Arbeiten nicht. Sie haben auch keinen Pflug und führen alle Arbeiten, die mit der Ernte in Zusammenhang stehen, nur mit den Händen und den geschilderten Geräten aus. Außerdem benutzen sie noch Messer, mit denen sie die Durakolben abschneiden und einige lange Holzkeulen, mit denen sie die Dura dreschen. Obgleich ihnen Ackerbaugeräte, die ihre Arbeiten sehr erleichtern würden, nicht unbekannt sind – viele Masakin-Nuba haben, wenn sie in den Städten arbeiten müssen, solche schon gesehen – wollen sie ihre so beschwerliche Arbeitsweise nicht ändern. Sie sind sie seit Jahrhunderten gewöhnt und fühlen sich am glücklichsten, wenn sie nicht mit den von außen kommenden Einflüssen konfrontiert werden. Sie möchten so leben wie ihre Vorfahren. Die wichtigsten Felder der Nuba liegen 4 bis 7 Kilometer von ihren Häusern entfernt, denn der Boden in der Nähe der Berge ist für die großen Dura-Felder zu steinig. Etwas näher bei den Bergen, auf mehr lehmartigem Boden, sind kleine Tabakfelder. Da Tabakpflanzen fast täglich gegossen werden müssen, können diese Felder nur an Wasserstellen liegen und Wasserstellen gibt es bei den Masakin nur ganz wenige. So ist der Anbau von Tabak sehr gering. Die Nuba rauchen nicht, dafür schnupfen sie Tabak leidenschaftlich. Schon junge Mädchen schnupfen Tabak. Die verheirateten Männer (nicht die Ringkämpfer) und die alten Leute, ganz gleich ob Mann oder Frau, haben immer ein kleines Beutelchen mit Tabak bei sich. Hauptsächlich aber brauchen die Nuba den Tabak als Tauschware. Sie selbst bescheiden sich mit kleinsten Prisen.

Außer diesen Außenfeldern haben die Nuba noch kleine Felder in der Nähe ihrer Häuser und einige an den Abhängen der hügeligen Berge, die in Terrassenform angelegt sind – überall dort, wo es fruchtbare Erde gibt. Der Ertrag, den die Pflanzungen auf den kleinen Hausfeldern ergeben, ist nur ein kleiner Teil der Nuba-Ernährung. Hier pflanzen sie die leichte früh reife Dura (Andropogon sorghum), Mais, Erdnüsse und Bohnen an. Das Ergebnis dieser Ernten wird von den Nuba als Ergänzung ihrer Nahrung und zur Überbrückung bis zur Haupternte verwendet. Die Haupternährung der Nuba ist zu 90 Prozent die schwere Dura (sorghum vulgare), die nur auf den weit entfernt liegenden Außenfeldern angepflanzt werden kann. Auch kleinere Mengen Sesam werden auf den Außenfeldern angebaut.

Rolf Engel schreibt in seinem Bericht:

»Der Ackerbau wird in der Form des wandernden Hackbaues betrieben ... was im englischen Sprachgebrauch als Shifting Cultivation weit verbreitet ist. Die Bezeichnung Hackbau ist hier wie in vielen anderen Gebieten Ostafrikas irreführend, da als Bodenbearbeitungsgerät keine Hacke (= Schlaghacke) dient, sondern ein Stoßeisen ...«

Die Nuba bauen Dura so lange an, »bis der Ertrag nachläßt. Es liegt die Vermutung nahe, daß öfter gewechselt wird, als es ertragsmäßig unbedingt begründet ist. Die Nuba bevorzugen auch, neue Flächen in Kultur zu nehmen, statt die Brachflächen wieder anzusäen.«

Über den jahreszeitlichen Arbeitsablauf bei den Masakin-Nuba sagt Engel:

»Im *April*, sobald der Boden von den ersten Regenschauern durchweicht ist, beginnt bei ihnen die Feldarbeit. Die Felder werden gereinigt und für das Pflanzen vorbereitet. Die Durastengel vom letzten Jahr werden, soweit es nicht schon nach der Ernte geschehen ist, abgehackt, in kleine Haufen zusammengeworfen und abgebrannt. Zum

Abhacken der Durastengel und der austreibenden Sträucher wird eine spezielle Schlaghacke benutzt ...
Die Außenfelder werden zuerst mit Dura bepflanzt, die Hausfelder mit schnellreifendem Dura später. In dieser Periode wird von den Eingeborenen regelmäßig jeden Tag von 6.00 Uhr morgens bis 16.00 Uhr nachmittags mit einigen Pausen gearbeitet. Der Boden wird nicht in der gesamten Oberfläche bearbeitet, sondern es werden in einem Abstand von etwa 60 cm flache Löcher in den Boden gegraben, in welche 5-6 Durakörner gelegt und dann festgetreten werden ...« Nach dem Pflanzen folgt das Hacken und das Reinigen des Bodens. »Hierbei wird das Land hauptsächlich vom vorjährigen Gras gesäubert ...
Bei den Hackarbeiten arbeiten die Männer länger auf dem Feld und die Frauen gehen zur Essensbereitung früher nach Hause. Oft nutzen sie den Weg, um Feuerholz nach Hause zu tragen.
Ende Mai wird Dura verzogen und Fehlstellen werden ausgepflanzt.
Anfang Juni ist das erste Hacken beendet und es werden Mais in kleinen Mengen auf den Hausfeldern und Sesam auf den Außenfeldern gepflanzt. Es werden dann auf den Durafeldern noch Fehlstellen ausgepflanzt, und dann ist bis Ende des Monats eine kleine Arbeitspause.
Im *Juli* beginnt nach größeren Regenfällen die Arbeit wieder. Dura muß das zweite Mal gehackt werden und Sesam das erste Mal (insgesamt zweimal). Eingeborene, die Baumwolle pflanzen, beginnen damit Ende des Monats.
Im *August* werden die Durafelder das dritte Mal gesäubert. Der Boden ist jetzt so feucht, daß keine Geräte benutzt werden können. Gras und Kraut werden mit der Hand gezogen. Weiter wird im August der Tabak gepflanzt. *Ende August* werden gleichzeitig die ersten Früchte des Jahres geerntet und gegessen (Mais und Blätter einer Bohnenart).
Während der Regenzeit sammeln Frauen Blätter und Grünzeug von wildwachsenden Bäumen und Sträuchern. Aber nirgends wird systematisch gesammelt, noch leisten die Früchte einen nennenswerten Beitrag zur Ernährung.
Eine etwas längere Arbeitspause setzt im *frühen September* ein, wenn man bei nicht zu starken Regenfällen rechtzeitig mit dem Hacken fertig geworden ist. In dieser Zeit wird das schnellreifende Dura auf den Hausfeldern je nach Bedarf zum sofortigen Verbrauch geerntet. Einige Eingeborene nutzen diese Zeit aus, um Neuland für das kommende Jahr zu roden. Bis Ende des Monats ist das frühreife Dura abgeerntet. Auf einigen Feldern muß dann Dura zum vierten Mal gehackt werden, besonders bei Neulandflächen, oder nach starken Regenfällen ist dies erforderlich. Dann ist der Sesam gereift.
Der *Oktober* ist noch von der Sesamernte ausgefüllt. Ende des Monats werden außerdem die ersten Erdnüsse gegraben.
Im *November* haben besonders die Männer weniger Arbeit auf dem Feld, sie gehen nur jeden zweiten oder dritten Tag hinaus.

In der zweiten Hälfte des Novembers entsteht wieder eine größere Aktivität. Die Ernte von Erdnüssen und Sesam muß beendet sein. Trockenplätze für das schwere Dura müssen hergerichtet werden. Bohnen müssen gezogen und evtl. Baumwolle gepflückt werden.
Anfang Dezember wird dann das schwere Dura geschnitten ...« (nur von den Männern, die Frauen sammeln die Durakolben und legen sie in ihre Körbe). »Jede Frau muß im Durchschnitt jährlich 1–3 Tonnen auf dem Kopf von den 4–7 km entfernten Außenfeldern zu den Trockenplätzen tragen ...« (Diese sind zum Schutz gegen die Tiere von hohen Dornenhecken umzäunt.)
»Damit ist für einige Zeit die Feldarbeit draußen beendet. Die Stengel werden nur noch abgeschlagen, evtl. Tabakblätter gepflückt und präpariert. In diese Zeit fällt eine große Anzahl von Stammesfesten. Jeden Tag marschiert ziemlich das ganze Dorf Entfernungen bis zu 40 km zu ihren traditionellen Stammesringkämpfen. Weiter werden in dieser Zeit Hütten ausgebessert, neu errichtet und trockenes Feuerholz gesammelt. Von den Frauen werden kleine Mengen Dura für den täglichen Nahrungsbedarf gedroschen und zu Mehl gemahlen.
Im *März* wird schließlich das Dura von den Lagerplätzen in die Nähe des Dorfes zu Dreschplätzen getragen, von den Männern meist in Gemeinschaftsarbeit mit einfachen, etwa 80 cm langen Holzkeulen gedroschen, von den Frauen gereinigt und nach Hause getragen. Bis alles gedroschen und gespeichert ist, vergeht ein voller Monat ...«
Der sehr sandige Boden der Dreschplätze wird von den Frauen besonders vorbereitet. Sie mischen Kuhmist mit Wasser zu einem Brei, den sie gleichmäßig mit ihren Händen auf der Bodenfläche verteilen. In kurzer Zeit wird die so bestrichene Fläche durch die starke Sonnenbestrahlung steinhart.
»*Anfang April* fällt wieder der erste Regen und der Kreislauf beginnt erneut.«

Über die Organisation der Arbeit schreibt Engel:

»Das normale Arbeitspotential in den Nubafamilien wird von dem Mann und seinen Frauen gebildet. Eine ständige Einrichtung ist hier die Gruppenarbeit. Sie setzt sich aus Familiengruppen der Nachbarn, aus Freunden und gelegentlichen Gästen zusammen. Bei der Gruppenarbeit ist das Marissabier (aus Dura) ... die einzige Gegengabe. Die Organisation einer Gruppenarbeit setzt somit eine gewisse Kapitalauslage in Form von Dura voraus. Doch ebenso wichtig wie das Bier ist das gesellige Beisammensein während und nach der Arbeit ...«

Und über den Nahrungsverbrauch der Nuba:

»... Bei allen Familien bestand die tägliche Nahrung aus Durabrei. Dieser Brei wurde am Abend von der Frau für den nächsten Tag gekocht und in einzelne Portionen aufgeteilt. Pro Kopf und Tag konnten Verbrauchsmengen von reinem Dura von 450–900 g gemessen werden, wobei meist von den vollarbeitenden Personen eine Menge von über

600 g eingenommen wurde ... Neben Dura als Hauptnahrungsmittel wurden Saucen und Sesam und Bohnen, welche mit getrockneten Blättern von Bäumen gewürzt waren, dazu gegessen. Außerdem wurden große Mengen Marissabier getrunken. 3–5 Liter und mehr pro Person und Tag waren nicht ungewöhnlich ...
Vom Marissabiergenuß schlossen sich auch Frauen und Kinder nicht aus. Gerade während der Trockenzeit, wenn die Vitaminversorgung am schlechtesten ist, dürfte damit das Hirsebier ... seinen berechtigten Platz einnehmen.
Erdnüsse wurden unbearbeitet oder geröstet gegessen. Sie dienen vornehmlich der Ernährung der Kinder ...«

Ich selbst konnte feststellen, daß die Nuba nur selten ihre eiweißarme Ernährung durch Jagdbeute bereichern, denn durch die Wasserarmut in den sieben Monaten der Trockenzeit gibt es im Gebiet der Masakin sehr wenig Wild. Auch haben die wenigsten Nuba Gewehre. Meist sind es ererbte alte Büchsen, für die es keine Munition mehr gibt, oder die sonst nicht mehr repariert werden können. Sie werden lediglich als »Trophäen« ihrer Vorfahren aufbewahrt. Wenn ein Nuba aber ein Gewehr besitzt, mit dem er schießen kann, dann benutzt er es zu Salutschüssen bei Ringkampffesten und Totenfeiern. Selten kann ein Gewehr für die Jagd verwendet werden, weil die heute verwendeten Patronen nicht passen. Um einen arabischen Schmied zu finden, der ihnen die alten Patronen zurichtet, müssen sie oft 100 Kilometer und mehr zu Fuß zurücklegen. Aus Sparsamkeitsgründen verwenden sie nicht nur die Hülsen mehrmals, sondern auch die Kugeln, die sie aus ihrer Jagdbeute herausholen. Selten können sie eine kleine Gazelle jagen, manchmal ein wildes Kaninchen – meist ist es aber nur ein Vogel.

Ab und zu versammeln sich die Nuba zu einer Treibjagd, wobei sie fast alle nur mit Stöcken ausgerüstet sind. Das Ergebnis solcher Treibjagden ist sehr mager. Trotzdem sind die Nuba glücklich, wenn sie auch nur ein kleines Kaninchen nach Hause bringen können, für das sie in der brütenden Sonnenhitze mehr als zehn Stunden umhergelaufen sind. Ältere Männer, die sich auch an diesen Treibjagden beteiligen, brechen oftmals zusammen, und es ist keine Seltenheit, daß ein Nuba diese übergroße Anstrengung mit seinem Tod bezahlen muß.

Das einzige Tier, das die Nuba fürchten, ist die wilde Servalkatze, die sie *bizäre* nennen. Im Aussehen ist sie ein Mittelding zwischen einer großen Wildkatze und einem Leoparden. Sie raubt Ziegen und Schafe und soll auch Menschen anfallen. Meist schleicht sie zwischen den Felsen herum und ist in der Ebene selten zu sehen. Manche Nuba tragen das graue, langhaarige Fell als Lendenschurz. Sonst gibt es an wilden Tieren nur noch Affen – die rotbraunen Rhesusaffen – aber auch diese sind selten geworden, weil die Nuba sie leidenschaftlich gerne essen.

Auch Fische sind große Leckerbissen für die Nuba, aber leider gibt es diese nur in der Regenzeit und dann auch nur sehr wenige.

Zu den Ernährungsmängeln führt Rolf Engel auf:

»Während des Untersuchungszeitraumes konnte kein Verzehr von tierischem Eiweiß festgestellt werden, da das eigene Vieh nur zu besonderen Anlässen geschlachtet wird ...

Die Ernährung der Nuba ist aber weit davon entfernt, vollwertig oder ausreichend genannt zu werden. In der Hauptarbeitszeit (Hacken, Tragen) ist die Energiebilanz nicht ausgeglichen. Nach den Arbeitsbeobachtungen und nach den Pulsmessungen sind in der Zeit der schweren Arbeit über 3000 kcal zu schätzen. Abgesehen von den Kalorien sind aber die wichtigsten Gefahrenpunkte die allgemein schlechte Versorgung mit Vitaminen sowie der oft minimale Verbrauch von tierischem Protein ...«

Um so erstaunlicher ist es, daß trotz dieser einseitigen Nahrung die Nubamänner einen so athletisch gebauten Körper haben, wie ihn in Afrika kaum ein zweiter Stamm aufweisen kann.

Marissabier ist sehr nahrhaft und vitaminreich und bei den Erntearbeiten unentbehrlich. Denn ein Nuba, der für seine Erntearbeiten die Hilfe von Freunden benötigt, bezahlt den Arbeitslohn mit Marissa.

Ein junger Nuba bei der Arbeit auf einem Tabakfeld. Der mit weißer Asche angemalte Körper des jungen Nuba hat kultische Bedeutung. Sie besagt, daß er ein *kaduma* ist, der in der Seribe (Hirtenlager) lebt.

Nur wenige Kilometer ist dieses Tabakfeld von Tadoro entfernt. Wenn es zu heiß wird, unterbrechen die Nuba ihre Arbeit und ruhen sich aus.

Wegen der großen Wasserknappheit müssen die Nuba nach Grundwasser suchen – eine sehr mühsame Arbeit, da nur wenige Spaten besitzen.

Hier wird Wasser für die Rinder aus einer Grube geschöpft und in flache Lehmmulden gegossen, aus denen die Tiere leicht trinken können. Täglich müssen die Nubaknaben diese Mulden neu bauen, da der Lehmboden und die Lehmwälle durch die heiße Sonnenbestrahlung Risse bekommen und das Wasser dann versickert. Um Schmutz zu entfernen, filtern sie das Wasser, indem sie es durch belaubte Zweige laufen lassen.

Mit den Händen werfen sie die schlammige Erde auf den Grubenrand. Oft müssen sie 8 bis 10 Meter tiefe Erdlöcher graben, bis sie Wasser finden.

Eine der wenigen, größeren Wasserstellen in der Nähe der Tabakfelder. Mit dem Wasser in den Kalebassen werden die Tabakpflanzen begossen.

Die schwere Feldarbeit übernehmen die Männer – die Frauen verrichten die leichteren Arbeiten. Sie helfen beim Anpflanzen und jäten Unkraut. Während der Ernte sammeln sie die von den Männern abgeschnittenen Durakolben.

Bevor das Korn gedroschen wird, tragen es die Frauen zu Sammelplätzen, wo es trocknen muß. Die Kalebassen in ihren Händen enthalten Wasser.

Zweimal am Tage tragen die Frauen fünf bis sieben Kilometer weit und noch mehr diese schwere Last, die ein Gewicht von 70 bis 80 Pfund hat.

Bemerkenswert dabei ist, daß die Frauen die Schwere ihrer Arbeit überhaupt nicht empfinden, sondern vergnügt und fröhlich sind.

Erntearbeiten haben für die Nuba eine religiöse Bedeutung, deshalb aschen sie sich ein.

Ein Trockenplatz für die Dura, die 90 Prozent der Nubanahrung ausmacht.

In der Nähe des Dorfes wird die Dura mit einfachen Holzschlegeln gedroschen. Die Männer lösen sich dabei ab.

Die Nuba beginnen mit dem Dreschen bei Sonnenaufgang und beenden ihre Arbeit erst nach Eintritt der Dämmerung. Während ihrer schweren Arbeit hört man sie oft singen und lachen.

Nach dem Dreschen und Sieben der Getreidekörner wird die Dura in das Kornhaus, das jede Nubaburg besitzt, eingelagert. Nach Bedarf wird es dann von den Mädchen und Frauen mit einem Stein zu Mehl zerrieben, aus dem die Nuba ihren Durabrei mit Wasser oder Milch kochen.

Seribe

Die Seribe ist ein Hirtenlager, von den Masakin *noppo* genannt, das fast immer einige Meilen von den Dörfern entfernt in der Ebene liegt. Meist ist es hinter hohen Gräsern und Gestrüpp versteckt. Es ist ein runder Platz, der von einer Dornenhecke eingezäunt ist und in dessen Mitte immer ein schattenspendender Baum steht. Bei Anbruch der Dämmerung werden die Rinder von den Hirten in den Kral getrieben, wo sie die Nacht über geschützt verbringen können. Für die jungen Kälber haben die Nuba kleine Lehmhütten gebaut. Die Hirten und die Ringkämpfer schlafen im Freien. Wenn man wie ich mehrere Tage und Nächte in einer Seribe gelebt hat, weiß man, was für eine große Bedeutung sie für alle Nuba hat. Hier erst erahnt man die geistigen und religiösen Zusammenhänge, die Leben und Charakter der Nuba formen. Die Seribe ist die Schule, durch die fast alle Nubamänner gehen. Kein weibliches Wesen darf eine Seribe betreten, nicht einmal die Mütter. Wenn ich mich trotzdem in der Seribe aufhalten durfte, so verdanke ich dies wohl der Tatsache, daß ich als erste weiße Frau die Nuba besuchte – also eine Fremde war.

Jeder Knabe möchte in der Seribe leben – es ist eine Auszeichnung, wenn ein Junge in der Seribe aufgenommen wird. Denn nur Knaben, deren Charakter und Intelligenz genügend ausgeprägt sind, kann die Betreuung der Rinder überlassen werden. Auch müssen diese Knaben die Voraussetzung besitzen, um gute Ringkämpfer zu werden.

In der Seribe sind die kultischen Gesetze der Nuba sehr stark erhalten geblieben. Da ist zum Beispiel das noch immer geltende Gesetz, daß ein Jüngling oder Mann, der in der Seribe lebt, mit keinem Mädchen schlafen darf. Die Nuba glauben fest, daß intimer Verkehr sie schwächen würde. Deshalb unterwerfen sie sich freiwillig und mit Stolz dieser alten Stammessitte. Um auch äußerlich zu zeigen, daß sie Seribebewohner sind, aschen sie sich ein oder malen sich mit Asche und Rahm Ornamente auf ihren Körper. Ein Nuba, der mit seiner Frau schläft, wird niemals Asche am Körper haben. Die weiße Asche, die die Nuba *weega* nennen, ist das religiöse Symbol für ihre kultischen Handlungen. Die Formen der Ornamente, die sie dabei auf ihre Körper malen, sind individuell und haben keine kultische Bedeutung, nur Asche als solche. Noch bevor die ersten Sonnenstrahlen in die Seribe fallen, sind die Nuba schon beschäftigt. Einige melken die Kühe, die wegen des trockenen Grases wenig Milch abgeben. Ein Knabe holt das Holz für die Feuerstelle und überwacht den Kochtopf, in dem der Durabrei mit Milch gekocht wird. Kuhmilch gibt es nur in der Seribe, nicht im Dorf, auch nicht für werdende oder stillende Mütter, die sich mit Ziegenmilch oder Wasser begnügen müssen. Das Beste, was die Nuba an Lebensmitteln haben, wird den Ringkämpfern gegeben. So z. B. der sehr seltene Honig, der in mühsamer Arbeit gesammelt und für die *kadumas* aufbewahrt wird. Aber keiner ist neidisch – sie haben alle den Wunsch, daß ihre Söhne und Männer sich bei den traditionellen Ringkampffesten bewähren.

Nachdem die Nuba ihren Durabrei gegessen haben, werden die Rinder von zwei oder drei Jünglingen, die auf ihren Leiern spielen, aus dem Kral getrieben. Bevor die Tiere den Kral verlassen, streuen die Männer über ihre Rücken einige Hände voll Asche; dies soll sie vor Unheil bewahren. Die Zurückbleibenden beschäftigen sich nun auf ihre Weise. Während eine Gruppe von jungen Männern sich gegenseitig Streifen und Muster auf die Körper malt, waschen die Knaben mit wenig Wasser die Kalebassen und Holzlöffel, die sie selber anfertigen, und hängen sie zum Trocknen in die Äste des Baumes.

In der Seribe entstehen auch die meisten ihrer Gebrauchsgegenstände und ihre Schmuckkalebassen, die sie aus getrockneten Kürbissen und gurkenartigen Früchten anfertigen und in die sie oft interessante Ornamente einbrennen. Auch ihre Musikinstrumente, Stöcke und Schilde werden hier gemacht. Sie haben auch genügend Zeit, um sich hier mit der »Schönheitspflege« zu befassen. Dazu gehört das Rasieren und das Tätowieren. Es kommen Besucher von der Nachbar-Seribe, und es wird dann lange geplaudert, viel gelacht und immer wieder musiziert. Gelassen und harmonisch sind die Bewegungen der Nuba – alles strahlt Ruhe und Frieden aus.

Währenddessen treiben die jungen Knaben die Rinder zu den Wasserstellen. Jeden Tag müssen die Tränken erneut von den Nuba mit Lehm ausgeschmiert werden, damit das Wasser nicht versickert. Mit Kalebassen wird es aus tiefen Grundlöchern heraufgezogen und in die Tränken gefüllt. Dabei wird das Wasser durch Baumzweige gegossen, die als Filter dienen. Versiegt ein Wasserloch, dann kommen die Männer aus der Seribe und graben tiefe Löcher in die Erde, bis sie, wenn sie Glück haben, auf schlammigen Grund kommen. Da sie keine Schaufeln besitzen, werfen sie den Schlamm mit ihren Händen an den oberen Rand, bis genügend Wasser vorhanden ist, um dasselbe in ihre Tontöpfe zu füllen. Die Wasserlöcher sind oft so tief, daß sich die Männer auf die Schultern der unteren stellen und so eine Pyramide bilden. Der schwere Topf wird nach oben geworfen, aufgefangen, wieder höher geworfen und von dem Letzten der Pyramide aus dem Wasserloch gereicht. Nicht immer gelingt das Kunststück, den sehr schweren Topf aufzufangen. Manchmal gleitet er aus den Händen, fällt in die Grube und zerbricht. Passiert das einmal, dann gibt es deshalb keinen Streit, die Nuba quittieren einen solchen Vorfall mit Lachen.

Nach Sonnenuntergang treffen sich alle wieder in der Seribe. Das Feuer brennt, der Durabrei kocht und im Hocken nehmen sie ihre zweite Tagesmahlzeit ein, die jeden Morgen und jeden Abend die gleiche ist. Bevor sie schlafen gehen, übergießen sie sich mit dem Wasser, das in Kalebassen aufbewahrt wird und reinigen sich von dem Staub. Während noch einige um das Feuer herumsitzen und musizieren, liegen die anderen schon auf ihren »Schlafstellen«. Diese sind fünf bis sechs nebeneinanderliegende, kleine runde Baumstämme (im Durchmesser 7 bis 10 Zentimeter). Als Kopfkissen dient ein Stein, und zwischen den einzelnen Schlafstellen ist in einem Abstand von einem knappen Meter eine kleine Feuerstelle, die die Leiber der schlafenden Nuba wärmt. Diese Feuer werden von den Knaben, die nachts abwechselnd Wache halten, immer wieder angefacht und kontrolliert. Im Gegensatz zu den Nuba in den Dörfern schlafen die Seribebewohner auch bei den starken, stürmischen Winden im Freien. Sie lieben dieses Leben so sehr, daß sie sich ungern davon trennen. Dies ist nur dann der Fall, wenn sie das Ringkämpferleben aufgeben, um die Pflichten eines Familienvaters zu übernehmen. Meist geschieht das im Alter von 25 bis 27 Jahren. Aber selbst Familienväter kommen noch oftmals für einige Zeit in die Seribe zurück.

Weihe eines Jünglings

Nicht alle jungen Männer, die in der Seribe leben und Ringkämpfe mitmachen, erleben die Zeremonie der Weihe (Initiation). Nur solche Jünglinge, die sich durch überdurchschnittliche Kraft und Geschicklichkeit bei den Ringkämpfen auszeichnen, werden durch diese Weihe zu einem der »Heros« ihrer Dorfgemeinschaft gewählt. Erst dann können sie auch an den Kämpfen der ganz starken Ringkämpfer teilnehmen. Sie sind von nun ab Mitglieder ihrer Kaste.

Die Entscheidung für diese Zeremonie trifft der Vater oder der Onkel-Vater. Für diese uralte Sitte spart die ganze Familie lange Zeit, um den jungen Ringkämpfer so prächtig wie möglich einzukleiden. Sie kaufen bei arabischen Händlern mit Dura oder Tabak viele Meter farbiger Stoffe, die sie in lange Streifen zerschneiden und in die der Oberkörper des Jünglings eingewickelt wird, ähnlich wie früher die japanischen Samurai.

Die Zeremonie vollzieht sich in der Hütte des Vaters oder Onkel-Vaters. Anwesend sind außer den Familienmitgliedern nur die besten Freunde. Eingeleitet wird die Zeremonie mit Trommelschlägen und den dumpfen Tönen eines Blashorns. Dann betritt der Vater die Hütte. Über seinen Armen hängen die roten, grünen, weißen und blauen Bänder, in den Händen trägt er den Fellschmuck. Ihm folgt der Sohn, die Augen gesenkt. Langsam füllt sich die Hütte. Ein Freund hat vor den Jüngling eine Tonschale mit weißer Asche gestellt. Der Jüngling hockt nieder und beginnt, sich mit der Asche einzureiben. Ein anderer Nuba bringt einen großen Tonscherben, auf dem ein weißer Brei liegt. Mit diesem Brei, der aus Rahm und Asche gemischt wird, bedeckt der Nuba seinen Kopf. Dann setzt er sich auf den Boden, die Beine vor sich ausgestreckt und ohne sich zu rühren bleibt er längere Zeit in dieser Stellung – es ist, als ob er meditieren würde. Diese Stimmung hat sich auf alle in der Hütte versammelten Nuba übertragen, selbst die Kinder geben keinen Laut mehr von sich. Nur das Trommeln wird stärker. Plötzlich erhebt sich der Jüngling, wirft die Arme nach oben, ein Zeichen, daß die Einkleidung beginnen kann. Während der Vater und einer seiner Freunde die an zehn Meter langen Stoffbahnen um seinen Oberkörper wickeln, bleiben die Augen des Jünglings fast geschlossen. Kein Mienenspiel verrät, was in ihm vorgeht. An Arm-, Bein- und Handgelenken wird Fellschmuck, der mit Kaurimuscheln verziert ist, befestigt. Zum Schluß werden ihm lange Perlenketten um den Hals gehängt. Stolz und verzückt schauen ihn die Mutter und die Geschwister an. Er wirkt nicht mehr wie ein Mensch aus Fleisch und Blut, sondern wie eine fremdartige große Puppe.

Nach Beendigung der Einkleidung wird jetzt auch noch seine Kleidung mit Asche bestäubt. Wieder wirft der Jüngling die Arme in die Höhe, stößt dumpfe Laute aus und beginnt mit den Händen zu tanzen. Dann bückt er sich und geht in die Anfangsstellung eines Ringkämpfers. Aus dem Kreis der Anwesenden tritt ein Nuba hervor, der die Aufforderung des Jünglings zu einem Ringkampf annimmt. Es folgt nun ein Scheinkampf in spielerischer Form, der alle Phasen eines Ringkampfes zeigt und in dem der Jüngling symbolisch Sieger wird. Für jeden Nuba-Mann, dem diese Weihe zuteil wurde, ist sie der Höhepunkt seines Lebens.

Ein Jüngling aus Tamuri.

Ein Morgen in der Seribe. Das ist ein Rinderkral, der aber für die Nuba eine besondere kultische Bedeutung hat. In ihrer Sprache nennen sie die Seribe *noppo* (*Seribe* ist arabisch).

Ein Ringkämpfer aus der Seribe.

Besucher aus einer benachbarten Seribe werden mit Durabrei bewirtet.

Beim ersten Sonnenstrahl nehmen die Ringkämpfer ihre Mahlzeit ein.

Bevor die Rinder den Kral verlassen, wird auf den Rücken eines jeden Tieres eine Handvoll Asche gestreut, deren symbolische Kraft die Rinder vor Krankheit und Unheil bewahren soll.

Nachdem die Rinder den Kral verlassen haben, aschen sich die Ringkämpfer von Kopf bis Fuß ein. *weega* nennen die Nuba die Asche, die in ihrem Leben eine so große Rolle spielt. Die Nuba gewinnen sie, indem sie Zweige eines bestimmten Strauches verbrennen. Die schneeweiße Asche

hat für sie zweierlei Bedeutung, eine heilige und eine praktische: Sie verleiht Kraft und Gesundheit, reinigt die Haut, schützt vor Insekten und Ungeziefer und schmückt den Körper.

In der Mitte der Seribe steht Natu, der starke Ringkämpfer von Tadoro. Vor ihm die weiße Asche, die neben der Kochstelle liegt. Die kleine Lehmhütte im Hintergrund ist für die neugeborenen Kälber errichtet.

Die kunstvollen Frisuren der *kadumas* werden meist in der Seribe geschnitten.

Die Linien werden mit zu Rahm geschlagener Milch auf den Körper gemalt – sie haben keinerlei kultische Bedeutung, sie sollen nur den Körper schmücken.

Die »Morgentoilette« der Nuba ist beendet. Individuell, wie sie sind, hat sich jeder ein anderes »Kleid« angemalt.

Ab und zu besuchen die Seribebewohner ihre Familien. Abends kommen sie zurück, um in der Seribe zu schlafen.

Im Innenhof eines Hauses spielen zwei junge Nuba, die tagsüber die Seribe verlassen haben, auf der Leier.

Ein wichtiges Ritual im Leben der Nuba ist die Weihe der Jünglinge. Dia, aus Totsulo, erlebt sie heute: er ist in tiefe Trance versunken.

Vor der Hütte des Jünglings wartet ein Freund, der ihn zum Festplatz begleiten wird.

Die Zeremonie der Weihe erlebt der Jüngling mit seinem besten Freund. Auch er ist von Kopf bis Fuß mit weißer Asche bedeckt.

Ein Sonnenstrahl, der durch das Strohdach in das Dunkel des Raumes dringt, verstärkt noch die fast mystische Atmosphäre bei der Einkleidung des Jünglings. Die vielen bunten Stoffbänder, mit denen der Oberkörper

umwickelt wird, sind die festliche Kleidung, die er von nun an bei seinen Kämpfen gegen die starken Ringkämpfer tragen wird.

Der Jüngling befindet sich in einem medialen Zustand, er erlebt den bedeutendsten Tag eines Nuba-Ringkämpfers – die Weihe.

Gogo aus den Korongobergen. Auch dort leben die jungen Männer in der Seribe – sie gelten als die stärksten Ringkämpfer der Nubaberge.

Ringkampf

Wer längere Zeit unter den Nuba gelebt hat, weiß, daß der Ringkampf das Zentrum ihres Lebens ist. Er bedeutet für sie viel mehr als Sport. Er ist der Ausdruck der Tugenden, die den Stamm der Nuba so auszeichnen.

Schon die kleinen Kinder beginnen, bevor sie richtig laufen können, die Tanz- und Ringkampfstellungen der Älteren nachzuahmen. Jeder gesunde Knabe wird sich von frühester Jugend an auf den Ringkampf vorbereiten. Die Kinder führen untereinander Ringkampffeste durch und schmücken sich hierbei ähnlich wie ihre älteren Brüder und Väter.

Die Besten von ihnen steigen in immer höhere Klassen auf. Sie leben in der Seribe und ihr großer Wunsch ist es, durch Siege bei den Kampffesten für die Weihe auserwählt und dann in die höchste Klasse der Ringkämpfer aufgenommen zu werden.

Niemand weiß, wann und wo ein Ringkampffest stattfindet, selbst der *mak* und auch die Ringkämpfer wissen es nicht. Sicher ist nur, daß sie nach der ersten Duraernte im November und Dezember mit den Ringkampffesten beginnen, die bis Ende März andauern. Die Häufigkeit der Feste hängt ganz von dem Ergebnis der Duraernte ab. In sehr guten Erntejahren kann es während dieser Monate fast täglich Ringkampffeste geben. Es können in demselben Ort drei Kampffeste hintereinander folgen. In schlechten Erntejahren, wo die Duraernte kaum für die Ernährung ausreicht, gibt es nur selten solche Feste oder auch gar keine.

Die Entscheidung, ob ein Fest stattfinden soll und wann, ist bis zur Verkündung immer unbekannt. In den meisten Fällen entscheidet dies der *kudjur* in Gemeinschaft mit dem Ältestenrat der Gemeinde. Sobald die Entscheidung gefallen ist, werden die Boten ausgesandt, um überall dort, wo es gute Ringkämpfer gibt, die Einladung zu verkünden. Die Boten erscheinen meistens bei Sonnenuntergang, da um diese Zeit die Nuba von ihrer Feldarbeit zurück sind. Fast immer sind es zwei Boten. Einer trägt den *solodo,* das ist ein großer dreieckiger »Patscher« aus Leder, der an einem Holzstiel befestigt ist, den die Nuba, sobald es sich um kultische Dinge handelt, immer bei sich führen. Mit diesem Patscher schlagen sie mehrere Male auf den Boden, wenn sie sich anmelden, sei es bei einer Einladung zu einem Ringkampffest, oder bevor die Ringkämpfer in den Ring eintreten. Während der eine Bote mit dem Patscher auf den Boden schlägt, bläst der andere das Horn. Bald versammeln sich die Nuba um den Boten, und schnell hat sich die Einladung zu einem Ringkampffest herumgesprochen. Knaben laufen in die weit entfernten Seriben, um den Ringkämpfern diese freudige Nachricht zu überbringen. Kommen die Boten von weiter entfernten Gegenden, wie z. B. aus den Korongobergen, dann übernachten sie bei den Masakin, genau wie umgekehrt die Masakin bei den Korongo.

Schon die kleinen Kinder, kaum daß sie laufen können, üben sich spielerisch im Ringkampf, indem sie versuchen, die Bewegungen der Ringkämpfer nachzuahmen.

Handelt es sich um ein großes Fest, an welchem die stärksten Ringkämpfer teilnehmen, dann wird sich, bis auf die Kinder und alten Leute, die größere Strecken nicht mehr laufen können, die ganze Hügelgemeinschaft beteiligen. Ist der Festplatz sehr weit entfernt, wie z. B. in Togadindi (Korongo), wo die Masakin einen Marsch von gut 30 Kilometer zurücklegen müssen, dann werden sie es so einrichten, daß sie am Abend vor dem Fest in Togadindi eintreffen und dort in den Häusern der Korongos übernachten, von denen sie auch bewirtet werden.

Am frühen Morgen, wenn es noch nicht so heiß ist, setzt sich der Zug in Bewegung. Alle haben sich geschmückt – mit Perlen, Asche, Fellschmuck und Kalebassen, die die Ringkämpfer meist rückwärts an ihren Gürtel anbinden. An der Spitze des Zuges wird die Fahne des Dorfes getragen, die an einer 5 bis 8 Meter langen Stange befestigt ist. Jedes Dorf hat eine andere Fahne, die in einem besonderen Haus mit der Festbekleidung der besten Ringkämpfer, der Trommel, dem langen Horn und anderen Festrequisiten aufbewahrt wird. In diesem Haus, oder auch vor diesem Haus, wird dann der Ringkämpfer feierlich unter den Blicken der Nuba eingekleidet und eingeascht. Ist der Marsch aber so weit, daß sie vor dem Fest woanders übernachten müssen, dann nehmen die Frauen und Mädchen der Ringkämpfer die Festkleidung in ihren großen Körben mit, die sie auf dem Kopf tragen. Die Frauen beschließen immer den Zug. Ihre Hauptlast sind die schweren Töpfe mit Wasser und Marissabier. Die Nuba-Männer haben eine besondere Vorliebe für Kopfbedeckungen. Ihre Phantasie hierfür ist so groß, daß mancher Hutmacher sie darum be-

neiden könnte. Die stärksten Ringkämpfer bevorzugen die alten, von den Engländern zurückgelassenen Tropenhelme, die sie mit langen Perlenschnüren schmücken. Wie ein Vorhang verdecken diese Schnüre das Gesicht. Andere tragen zu diesen Festen die roten Türkenmützen, die ihre Väter oder Großväter Ende des vorigen Jahrhunderts bei den Kämpfen gegen die Türken im Norden Kordofans erobert haben. Wieder andere tragen Federschmuck oder drapieren sich aus Tüchern, Federn und Strohhüten Kopfbekleidungen. Auch Gegenstände, die ihnen etwas bedeuten wie Kinderspielzeug, Puppen, alte Bilderrahmen, die irgendwie einmal in ihre Hände gelangt sind, befestigen sie an ihren »Hüten«.

Meist beginnen die Kämpfe am frühen Nachmittag. Messen sich aber die »Heros« miteinander, dann beginnen die Feste schon um die Mittagszeit. Sie wollen auch bei größter Hitze kämpfen, um ihre Überlegenheit zu beweisen. Auch schmücken sich diese stärksten Ringkämpfer mit einer Anzahl großer Schweife, die sie *märre* nennen. Je mehr Schweife sie tragen, desto schwieriger ist es, damit zu kämpfen. Denn die Schweife sind schwer und unbequem und behindern den Kämpfenden sehr. Sie haben eine Länge von etwa einem halben Meter und sind an einem runden geflochtenen Ledergürtel befestigt. Dieser hat rückwärts zwei Schweife, die aus weißen oder schwarzen Ziegenfellen so kunstvoll zusammengesetzt sind, daß sie wie lange Pferdeschweife wirken. Die Kämpfer steigen mit den Beinen in den Ledergürtel, den sie sich dann über ihre Hüften zwängen. Manche Kämpfer tragen bis zu acht dieser Schweife. Aber dieser traditionelle Ringkämpferschmuck wird immer seltener getragen – er wird bald nur noch in der Erinnerung existieren, wie viele andere kultische Sitten der Nuba. Auch die Masakin und die Korongo, die in den entlegensten Tälern der Nubaberge, entfernt von den Straßen leben, werden bald in die Zivilisation einbezogen sein, und damit vergehen ihre traditionellen Sitten.

Obgleich bei den großen Ringkampffesten bis zu 4000 Menschen zusammenkommen können, sieht man noch kurz vor Beginn kaum jemand von den Nuba auf dem Festplatz. Sie liegen im Schatten der Bäume und Sträucher, die sich in der Umgebung des Platzes befinden, wo sie auf den Beginn des Festes warten.

Dann ist es soweit. Eine Gruppe von fünf oder sechs jungen Männern, eingeascht und mit Ornamenten bemalt, läuft um den Platz. Einer von ihnen trägt den *solodo*, mit dem er, wenn die Gruppe das Laufen unterbricht, auf den Boden schlägt. Es folgen andere Gruppen und plötzlich, in wenigen Minuten, wird die Gegend lebendig. Von allen Seiten strömen die Nuba herbei – mit Trommeln und Blasinstrumenten. An der Spitze der Gruppen gehen die Ringkämpfer. In der Nähe des Kampfplatzes beginnen sie mit ihren Tänzen. Hierbei stampfen sie mit den Füßen auf den Boden, stoßen unheimlich wirkende, dumpfe Laute aus, mit denen sie die Rufe von Stieren imitieren und tanzen mit den Händen, besser gesagt mit den Fingern, die sie so schnell bewegen, wie große Insekten ihre Flügel schlagen. Wenn die Ringkämpfer sich in geschlossenen Reihen tanzend und brüllend dem Kampfplatz nähern, dann geraten die Nuba in Ekstase. Sie sagen: »kaduma norzo«, übersetzt heißt es: die Ringkämpfer weinen oder heulen. In diesem Stadium inkarnieren sich die Ringkämpfer mit ihren Rindern – sie sind dann nicht mehr ansprechbar.

An einer Stelle haben sich mehrere Nubamänner zu einem Kreis gruppiert. Sie liegen auf den Knien und berühren mit den Stirnen den Erdboden in der Mitte des Kreises. Hinter ihnen stehen junge Männer, die aus Kalebassen Asche über diese auf dem Boden liegende Gruppe streuen. Hierbei summen die Männer im Chor, während einer halb singend, halb rufend, im Solo etwas ausruft. Diese Zeremonie ist, wie ich erst später erfuhr, eine Art Gebet, das die Masakin *tobbo* nennen. Es soll ihrem »Hero« – in diesem Falle war es Natu von Tadoro – zum Sieg verhelfen. Während dieser feierlichen Handlung wird das große, künstlich verlängerte Kuduhorn geblasen.

Dann bildet sich ein großer Kreis, in dem einige der Ringkämpfer mit den Kämpfen beginnen. Mehrere Paare kämpfen zu gleicher Zeit. Sieger ist, wer den Gegner auf den Rücken legt. Unfaires Kämpfen ist verboten. Jedes Paar hat einen Schiedsrichter, der auch den Abbruch des Kampfes entscheidet, wenn zwei Kämpfer gleich stark sind und keiner den anderen unterwerfen kann. Ein solcher Kampf gilt dann als unentschieden.

Jeder Ringkämpfer hat zwei Assistenten, die meist mit ihm in der Seribe leben. Diesen übergibt er, bevor er einen Kampf beginnt, seine Kopfbedeckung und seine Perlenkette, die ihn beim Kampf behindern.

An einer dieser Perlenketten ist eine Pfeife befestigt, die die Nuba von den Arabern eintauschen und mit denen sie in schrillen Tönen ihre Kampfbereitschaft ankündigen. Aber auch diese Pfeife wird vor dem Kampf abgelegt, ebenso oftmals die schweren Messing-Armbänder, mit denen sie ihre Kameraden verletzen könnten. Die Nuba sind bei ihren Kämpfen niemals brutal. Gleichstarke Ringkämpfer, besonders wenn es Freunde sind, vermeiden den Kampf, damit keiner den anderen durch eine Niederlage demütigt. Trotzdem ist es unvermeidbar, daß Verletzungen vorkommen. Besonders die Ohrläppchen mit den Silberringen, die irgendwo beim Gegner hängen bleiben können, werden manchmal verletzt. Geschieht das oder blutet der Kämpfer, dann springen die Frauen sofort zu ihm und lecken die Wunde so lange, bis das Bluten aufhört. Die Schmerzen, die ein Nuba durch Verletzungen erleidet, wird er nie zeigen.

Jeder Kämpfer kann sich einen Gegner auswählen. Bevor sie mit dem Kampf beginnen, gehen sie in die gebückte Anfangsstellung und beobachten sich. Erst hierbei entscheidet es sich, ob sie auch miteinander kämpfen werden. Ist der Aufgeforderte aus irgendwelchen Gründen mit diesem Kampf nicht einverstanden, dann erhebt er sich und geht, ohne ein Wort zu sagen, vom Partner fort. Vielleicht erschien ihm der andere zu überlegen, so daß er es vorzog, mit einem weniger starken Ringkämpfer zu kämpfen. Aber es gibt auch Aufforderungen zu einem Kampf, die kein Ringkämpfer ablehnen darf, ohne daß er sein Gesicht verlieren würde. Wenn ein Ringkämpfer den Kampf mit einem ganz bestimmten guten Kämpfer ausführen will, dann wird er sich vor demselben auf die Knie niederlassen und in dieser gebeugten Stellung mit den Händen und Armen tanzen, wobei er mit den Innenflächen seiner Hände die Erde berührt. Diese Aufforderung wird immer angenommen und meistens entstehen hieraus die spannendsten Kämpfe, denn der auf diese Weise aufgeforderte Ringkämpfer will auf keinen Fall verlieren.

Beim Anfang eines Kampfes stehen sich die Gegner lange nur beobachtend gegenüber. Ab und zu versucht einer vorsichtig, aus entsprechendem Abstand, den Kopf des anderen zu berühren. Dieses Anfangsspiel dauert solange, bis ein Nuba blitzschnell versucht, den Kopf oder ein Bein des anderen zu ergreifen. Selten gelingt dies auf Anhieb. Die meisten der Ringkämpfer sind so geschickt und schnell in ihren Reaktionen, daß sie gut parieren und dabei gleichzeitig angreifen. Alle guten Nuba-Ringkämpfer sind geschmeidig, stark und schnell. Kommt allerdings ein besonders starker Nuba in den Ring, der seine sowieso schon großen Kameraden noch an Länge überragt, dann kann es passieren, daß so ein »Kraftbär« seinen Gegner wie eine Feder hochhebt und ihn einfach auf den Rücken legt.

Der große Kreis hat sich inzwischen in viele kleinere und kleinste Kreise aufgeteilt, in denen überall gekämpft wird. In jedem dieser Kreise werden die Fahnenstangen der einzelnen Gemeinden aufgestellt, so daß man von weitem erkennen kann, in welchem Ring jetzt die Männer von

Tadoro, Tabala, Tamuri, Togadindi etc. kämpfen. Je länger die Kämpfe dauern, desto leidenschaftlicher und interessanter werden sie. Über dem Kampfplatz liegt ein ohrenbetäubender Lärm – pausenloses Dröhnen der Trommeln, Aufschreie der Zuschauer, die in atemloser Spannung die Kämpfe verfolgen, Trillern der Frauenstimmen, die auf diese Weise ihre Freude über den Sieg eines Ringkämpfers aus ihrer Gemeinde zum Ausdruck bringen. Es gibt Kämpfe, die nur Sekunden dauern und solche von mehreren Minuten. Oft schieben sich die kämpfenden Paare durch den Ring der Zuschauer. Oft auch drängen sich die Zuschauer so nah an die Kämpfenden heran, daß diese sehr behindert werden. Dann müssen die Schiedsrichter mit den Zweigruten, die sie vor die Füße der Nuba auf den Boden schlagen – nicht auf die Füße –, die Zuschauer zurückdrängen.

Es ist schwer zu sagen, wie oft jeder Ringkämpfer auf einem solchen Fest kämpft. Es dürfen zehn bis zwanzig Kämpfe angenommen werden.

Ist ein Kampf beendet, dann wird der Sieger auf den Schultern seines Vaters, Onkels oder Freundes aus dem Ring getragen. Bevor er hochgehoben wird, wirft er seine Arme in die Höhe, tanzt mit den Händen und stößt dabei wieder die seltsamen Rufe aus, die Tierstimmen gleichen. Beim Heraustragen wird ihm oftmals Asche nachgeworfen und Schild und Speer werden ihm in die Hand gegeben. Bei einem Sieg über einen besonders starken Gegner wird der Vater einen Salutschuß abgeben. Dem Kämpfer wird eine Kalebasse mit Wasser gereicht, dann wird er wieder mit Asche bestäubt.

Der Sieger erhält als Preis einen Zweig, aus dem durch Verbrennen die weiße Asche gewonnen wird. Diese Asche hat, wie wir schon wissen, eine kultische Bedeutung, sie verleiht Kraft und Gesundheit. Mit der Hälfte der Asche aus den Siegeszweigen wird er sich bei seinem nächsten Ringkampffest einreiben, die andere Hälfte wird er in seinem Haus in Rinderhörnern aufbewahren bis zu seinem Tod. Dann wird die Asche über seinem Grab verschüttet. Sie soll symbolisch die Verbindung der Verbliebenen mit dem Toten darstellen. Niemals werden materielle Preise für die Nuba-Ringkämpfer ausgesetzt – das würden sie als unwürdig empfinden. Sie kämpfen um den Ruf, Vorbilder für ihren Stamm zu sein.

Die Kämpfe enden erst kurz vor Einbruch der Nacht. Die Ringkämpfer beginnen wieder in Gruppen zu tanzen. Einige hängen sich dabei Gürtel von schweren Metallglocken um den Körper. Mit diesen Glocken führen sie Bauchtänze aus, was außerordentliche Kraft der Bauchmuskeln erfordert. Die Menge löst sich auf, das Volksfest beginnt.

Inzwischen haben die Frauen ihre Lagerplätze ausgesucht und mit dem Einschenken des Marissabieres begonnen. Jeder sucht Bekannte und Freunde, und wo er sich niedersetzt, wird ihm ein Marissatopf gereicht. Eine Ausnahme machen lediglich die Ringkämpfer, die bei diesem nächtlichen Fest zwar anwesend sind, aber kein Marissabier anrühren. Die Mädchen, mit denen sie nur mit den Augen flirten, bleiben in einer gewissen Entfernung von ihnen stehen. Mädchen oder Frauen, die mit einem dieser Ringkämpfer verlobt oder verheiratet sind, wollen ebenso sehr wie die Ringkämpfer selbst in dieser Zeit jede intime Berührung vermeiden – sie sind stolz, Braut oder Frau eines starken Ringkämpfers zu sein.

Diese Volksfeste dauern die halbe Nacht hindurch. Die letzten Nuba verlassen vor Anbruch des Tages den Platz. Trotz den großen Mengen Marissabier, die bei diesen fröhlichen Zusammenkünften getrunken werden, gibt es nur wenige, die so berauscht sind, daß sie den Heimweg nicht mehr allein antreten können.

Ein von Dorf zu Dorf laufender »Herold« ist in Tadoro angekommen. Mit seinem Horn verkündet er die Einladung zu einer *sanda*. So nennen die Nuba in ihrer Sprache die Ringkampffeste.

Im Laufschritt zur *sanda*.

Im schmalen Schatten eines Baumes suchen die Ringkämpfer Schutz vor der Sonne, bevor die Kämpfe beginnen.

Diesen Fellschmuck nennen die Nuba *märre*. Nur die ganz starken Ringkämpfer tragen ihn. Je mehr solcher Schweife ein Kämpfer trägt, desto unbesiegbarer fühlt er sich. Denn diese schweren Schweife sind bei den Kämpfen eine große Behinderung.

Jeder Ringkämpfer wählt eine andere Festkleidung. Dieser hier hat sich große Schwingen aus Adlerfedern umgebunden. An den Fußgelenken trägt er *plongos,* einen aus Ziegenfellen und Kaurimuscheln hergestellten Schmuck.

Vor dem großen Kampf. Noch ist der Festplatz fast leer – aber schon in wenigen Minuten werden die Nuba von allen Seiten anstürmen. Die Kalebassen, die die Kämpfer rückwärts an den Gürtel gebunden haben, gehören zu ihrem Festschmuck. Je größer diese sind und je mehr sie

davon tragen, desto siegessicherer sind sie. Denn werden sie auf den Rücken geworfen, zerbrechen die Kalebassen und dann kann jeder ihre Niederlage an den Scherben erkennen.

Festzug der Nuba aus Tadoro. An der Spitze die »Heros«: Natu, Tukami, Napi, Gumba und Gorände – dann folgen die Frauen. In den Kalebassen tragen sie Wasser, Marissabier und Durabrei.

Vor den Kämpfen tanzen die Ringkämpfer.

Ein Nuba bläst auf seiner *dubberre*.

Männer kauern am Boden. Sie erflehen den Segen ihrer Ahnen für den Sieg ihres besten Ringkämpfers. Während sie niederkauern, werden sie mit Asche bestreut. Die Nuba nennen diese Zeremonie *tobbo* (Gebet).

Das große Blashorn ist der Stolz einer Hügelgemeinschaft. Es besteht aus dem Horn einer Kuduantilope, das durch ein Gemisch aus Lehm und

Bienenwachs verlängert wurde. Die dumpfen Urwelttöne verkünden den Beginn der Kämpfe und spornen die Ringkämpfer an.

Ein Ringkampffest in Tolabe (Reikha). Bis zu 4000 Nuba können bei den großen Festen zusammenströmen. Sie kommen aus der ganzen Umgebung und legen Strecken bis zu fünfzig Kilometer zurück.

Ein Ringkämpfer der Korongo beobachtet konzentriert den Kampf eines Masakin.

Die Kämpfe zwischen den Korongo- und den Masakin-Nuba sind die aufregendsten.

Die Mädchen in ihrer »Festkleidung«. Öl auf der Haut, mit Perlengürtel und Perlenketten geschmückt, spornen sie mit Zurufen ihre Ringkämpfer an.

Der beste Ringkämpfer einer Gemeinschaft – hier Natu – trägt die Fahne seines Dorfes. Jede Hügelgemeinschaft hat ihre eigene Fahne, die in einem besonderen Haus des »Heros« aufbewahrt wird, ebenso wie seine

Festkleidung. Viele der starken Ringkämpfer tragen bei diesen Festen alte englische Tropenhelme. Sie verzieren sie mit Perlenschnüren, die wie ein Vorhang ihr Gesicht verdecken.

Fast immer kämpfen mehrere Paare gleichzeitig. Dies hier ist die typische Stellung vor dem Angriff.

Ein kleines Ringkampffest in dem hoch in den Bergen versteckt liegenden Tamuri (Masakin).

Ein Sieger wird auf den Schultern seines Freundes aus dem Ring getragen. Er trägt als Festschmuck einen mit Kaurimuscheln besetzten türkischen Fes – ein Erbstück der Väter, die Ende des letzten Jahrhunderts mit den Arabern gegen die Türken gekämpft haben.

Wie in einem Hahnenkampf stehen sich die beiden Nuba gegenüber. Ihre großen Kalebassen auf dem Rücken besagen, daß sie gleich starke Kämpfer sind.

Nur die allerstärksten Ringkämpfer tragen diese Schweife. Sie behindern den Kämpfer beträchtlich. Siegt er dennoch, wird er besonders gefeiert.

Die glücklichen Sieger.

Rechts oben: Nach einem Sieg wirft der Kämpfer die Arme nach oben und biegt seine Hände weit zurück.

Rechts unten: Ernst nimmt der Sieger seinen Preis entgegen. Es ist der Zweig eines Akazienbaumes, aus dem die weiße Asche gewonnen wird. Mit der Hälfte der Asche wird er sich für den nächsten Kampf einaschen. Denn die Nuba glauben, daß die Asche aus den »Sieger-Zweigen« Kraft und Gesundheit verleiht. Die andere Hälfte, die in seinem Haus aufbewahrt wird, streut man nach seinem Tod über sein Grab.

Die Kinder beobachten von den Bäumen aus die Kämpfe, die bis in die Dämmerung gehen.

Gespenstisch wirken hier die Nuba. Wieder wird auf dem Kuduhorn geblasen – die Kämpfe sind beendet.

Oft wird bis in die Nacht hinein gekämpft. Die Sieger halten die Siegeszweige in den Händen und wischen sich den Schweiß aus dem Gesicht.

Noch bedeutender als ein Ringkampffest ist für die Nuba das Totenfest, das sie in ihrer Sprache *pengo* nennen. Hier offenbaren sich am stärksten Seele und Religion der Nuba. Die Totenfeste beweisen auch, daß die Hinwendung der Nuba zum Geistigen und Religiösen viel ausgeprägter ist als zum Weltlichen und Materiellen. Denken wir doch nur an eine Nuba-Hochzeit, da gibt es keine Feierlichkeiten und keine Feste. Nur die Familien der Verheirateten sind daran interessiert. Oder denken wir an die Seribe. Nicht die Vereinigung mit einer Frau ist der höchste Wunsch eines Nubamannes, sondern er will ein guter Ringkämpfer sein – damit bejaht er das Prinzip der Enthaltsamkeit. Die Tanzfeste der Nuba sind, im Gegensatz zu ähnlichen Festen anderer Afrikastämme, nicht ein Fest der Sinne. Man könnte sie eher »Feste der Keuschheit« nennen. Die Freude am Sexuellen tritt bei den Nuba nicht sichtbar in Erscheinung, dagegen spielt die Liebe eine ausgeprägte Rolle.

Die Größe eines Totenfestes hängt von der Persönlichkeit des Toten ab. Bei Kindern ist es nur eine kleine Zeremonie, bei der der Vater oder Onkel-Vater eine Ziege, ein Schwein oder in Ausnahmefällen ein Rind opfert. Wir haben früher schon gesagt, daß die Nuba ihre Rinder nur haben, um sie für ihre toten Verwandten oder Freunde zu opfern. Je stärker die Beziehung zu dem Verstorbenen ist, desto größer wird das Opfer sein. Die größten Totenfeiern werden abgehalten, wenn eine sehr angesehene Greisin, das Haupt eines großen Familienclans oder einer der großen Ringkämpfer stirbt.

Ich habe viele Totenfeiern und -feste bei den Masakin-Nuba miterlebt. Da diese Feiern, ob groß oder klein, sich im wesentlichen alle ähneln, soll hier über den Tod von Napi berichtet werden, weil bei diesem Totenfest alle Rituale der Masakin in Erscheinung getreten sind.

Napi war einer der drei stärksten Ringkämpfer von Tadoro. Obgleich er schon verheiratet war, lebte er noch in der Seribe. Dort wurde er von einer giftigen Schlange gebissen. Das Knie schwoll dick an, er konnte nicht mehr auftreten, so daß seine Freunde ihn nur noch mit großer Mühe nach Tadoro zurückbringen konnten. Er starb nach kurzer Zeit. Man brachte seinen Körper in das Haus seines Onkel-Vaters, das hoch am Berg lag. Auf dem Dach war ein großes weißes Tuch angebracht. In unglaublich kurzer Zeit sprach sich der Tod von Napi herum. Stirbt bei den Nuba eine bekannte Persönlichkeit, so ist dies in wenigen Stunden bis zu 50 Kilometer im Umkreis bekannt. In dem Haus, in dem der Tote aufgebahrt lag, klangen die Klagelieder der weinenden Verwandten. Man hatte den Körper gewaschen, die Ohren des Toten mit Bienenwachs verschlossen, das Kinn mit einer Stoffbinde fest an den Kopf gebunden und die Gestalt in weiße Leinentücher gewickelt. Nur die linke Hand

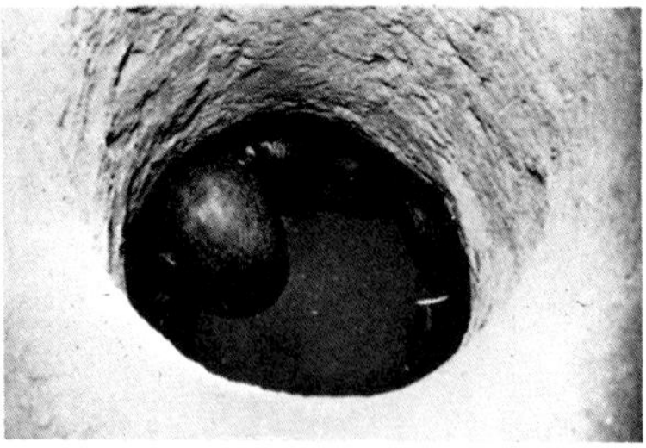 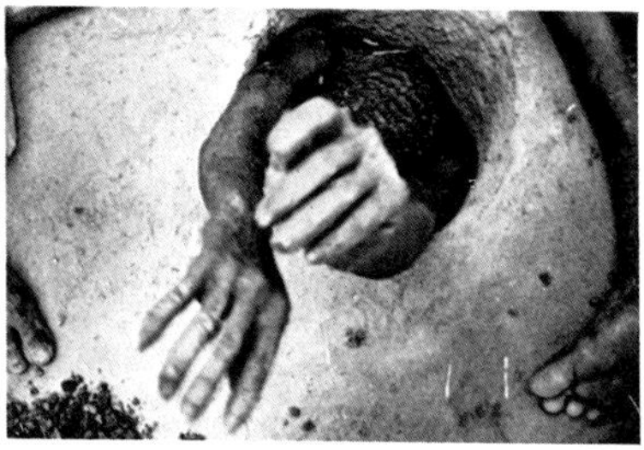

schaute aus den Tüchern heraus. Drei weinende Frauen saßen auf dem arabischen Bett, auf dem der Tote lag. Es waren die Mutter, die Großmutter und die Onkel-Schwester. Die Großmutter schwang über dem Toten die Glocken, die er bei seinen Ringkampftänzen getragen hatte. Frauen kamen in das Totenzimmer und schütteten mehrere Körbe mit Dura und Bohnen über Napi.

Unterdessen versammelten sich vor dem Haus immer mehr Nuba. Viele Männer und Frauen waren eingeascht. Einzeln oder in Gruppen betraten sie das Haus. Beim Anblick des Toten brachen alle, ob Mann, Frau, Jüngling oder Kind, in herzzerbrechendes, hemmungsloses Weinen aus – es war eine tief empfundene Trauer.

Am Fuß des Berges, wo der Friedhof mit den Gräbern liegt, wurde unterdessen das Grab für Napi geschaufelt. Eine Nuba-Grabkammer hat ein schmales, rundes Eingangsloch, so wie wir es von den Häusern kennen. Die Männer, die eine Grabkammer ausheben, lösen sich ab. Einer von ihnen gräbt sich wie ein Maulwurf so tief hinunter, daß, wenn er steht, nur noch die hochgereckten Hände aus dem Grab herausschauen. Die Erde, die er unten mit einer Art Hacke zusammenscharrt, legt er in Kalebassen, die er nach oben reicht, wo sie von einem anderen Nuba abgenommen werden. Nach circa einem halben Meter langen schmalen Durchgang verbreitert sich die Grabkammer trichterförmig. Unten ist sie so groß, daß der Verstorbene ausgestreckt liegen kann und noch genügend Platz für die Geschenke bleibt, die dem Toten ins Grab gegeben werden.

Ist das Ausheben der Grabkammer beendet, dann wird der Mann aus dem Grabloch herausgezogen und dieses mit einem großen Stein verschlossen. Vorher wird noch der Rand des Grablochs mit weißer Asche bestreut.

Napi wurde mit Riemen an das Bett gebunden und vom Berghaus des Onkel-Vaters hinuntergebracht. Vier Männer trugen die Totenbahre. Die Träger dürfen nicht der Familie angehören. Ein großer Zug der Trauernden folgte der Bahre. An der Spitze des Zuges wurde eine weiße Trauerfahne getragen. Sie gingen in langsamen Schritten. Doch plötzlich wechselten sie das Tempo. Sie rannten in Zick-Zack-Linien, um den bösen

Ein Grab wird ausgehoben. Das Eingangsloch ist ebenso klein wie die Rundlöcher in den Nubahäusern. Nach unten zu verbreitert es sich zu einer Grabkammer. Nur mit Mühe kann sich der Nuba durch das kleine Eingangsloch hinauswinden.

Geistern auszuweichen, den felsigen Weg hinunter – dann nach einigen hundert Metern gingen sie wieder in gemessenen Schritten.

In Tadoro hatten sich unterdessen unzählige Menschen versammelt – nicht nur alle Einwohner des Ortes, sondern auch viele aus den benachbarten Orten wie Tosari, Taballa, Tomeluba und Tolabe. Der Tote wurde vor seiner Beerdigung noch in das Haus seiner Schwester gebracht. Vor der Bahre stand eine Schale mit der weißen Asche. Jeder Nuba, der hereinkam, nahm etwas von dieser Asche und streute sie auf die Hand des Toten.

Vor dem Haus hatte sich ein Kreis gebildet, in den die Rinder hineingetrieben wurden, die geopfert werden sollten. Drei Nuba, Seribe-Freunde von Napi und ebenfalls große Ringkämpfer, trafen die letzte Wahl unter den Rindern. Sie warfen eine Handvoll Asche auf den Rücken der Tiere. Das bedeutet, daß diese Tiere geopfert werden. Die anderen Rinder wurden aus dem Kreis entfernt.

Das Töten der Rinder und der Sinn dieses Tötens ist für die Nuba ein Ritual. Sie glauben an ein Weiterleben nach dem Tode und an die Unsterblichkeit der Seele. Sie sind überzeugt, daß diese Opfer für das Wohl des Toten, wie auch für ihr eigenes notwendig sind. Sie fürchten, wenn sie diese Opfer nicht bringen, daß die Toten ihnen ihren Segen versagen und sogar Unheil anrichten könnten. Auch ihr soziales Ansehen würde leiden. Aber nicht allein die Furcht vor Strafe ist der Antrieb für diese Handlungen der Nuba, sondern ein echtes Gefühl von Liebe und Trauer.

Da die Nuba arm sind und viele nicht einmal eine Kuh besitzen, verschulden sich manche Familien oft für eine ganze Generation. Für Napi wurden 36 Rinder geopfert, eine unglaublich hohe Zahl. Die drei ausgewählten Ringkämpfer, die mit rosa Federn ihren Kopf geschmückt hatten, töteten die Tiere durch einen Speerstoß mitten ins Herz. Die Angehörigen der Toten dürfen nichts von dem Fleisch der getöteten Rinder essen. Es wird an Freunde verteilt.

Nach diesem Ritual wurde von einigen der älteren Nubafreunde zu Ehren des Toten ein Speerwerfen veranstaltet. In früheren Zeiten war der Speerkampf auch bei den Masakin sehr beliebt. Er wurde nicht von den Ringkämpfern, sondern von den älteren Männern ausgeübt. Es ist ein sehr gefährlicher Sport. Die Männer stehen sich in einem Abstand von 40 bis 50 Metern gegenüber und fangen die heransausenden Speere mit ihren Rundschilden auf, die aus Elefantenhaut angefertigt sind. Die Speere durchbohren oftmals die Schilde und können den Mann, der den Schild hält, schwer verletzen, ja sogar töten.

In feierlichen Schritten näherte sich eine Gruppe von Männern, die über ihren Köpfen eine große Schale trugen. In ihr lagen mit Asche gefüllte Rinderhörner. Es war die »heilige« Asche, die Napi aus den Siegeszweigen gewonnen und von der er die Hälfte in seinem Haus in den Rinderhörnern aufbewahrt hatte. Die Gruppe blieb stehen und stellte die große Schale mit den Hörnern auf den Boden. Die Asche aus den Hörnern wurde verstreut. Alle Nubahände streckten sich nach dem Aschenstaub. Sie glauben, daß eine Berührung mit der Asche sie mit dem Toten in Verbindung bringt. Als dann die Rinderhörner mit der restlichen Asche in eine Grube gelegt wurden, warfen sich die Nuba zu Boden und griffen tief in die Erde, um noch einmal, bevor die Grube zugeschüttet wurde, die Asche in den Hörnern zu berühren. An der Stelle, wo die Hörner vergraben wurden, führten zwei ältere Nuba einen Ringkampf aus, mehr pantomimisch als realistisch. Dies sollte eine Gedenkstelle für Napi sein, an der in späteren Jahren in ständiger Wiederkehr Ringkampffeste für den Verstorbenen abgehalten werden sollten. Diese Gedenkstelle ist nicht sehr weit von der Grabstelle Napis entfernt.

Inzwischen war die Dämmerung hereingebrochen. Napi befand sich noch in dem Haus seiner Schwester. Vor diesem Haus bewegte sich eine Gruppe von Frauen in rhythmischen Tanzschritten, dabei ekstatische Rufe ausstoßend. Da sie Körper und Gesichter mit weißen Streifen und Ornamenten bemalt und sich große Tabakpflanzen umgehängt hatten, wirkten sie in der Dämmerung wie ein Geisterballett. Dann kamen die Nuba mit der Totenbahre aus dem Schwester-Haus und gingen zum Friedhof hinüber. Dort angekommen, streuten sie wieder Durakörner über Napi. Als der Tote von der Bahre losgebunden wurde, brachen die Verwandten noch einmal in Schmerzensschreie aus. Der Onkel-Vater zwängte sich durch das runde, enge Einstiegloch in die Grabkammer. Die Familienmitglieder ließen den eingehüllten Toten hinunter. Unten wird der Tote lang ausgestreckt und auf die linke Seite gelegt. Der Kopf ruht in der Handfläche. Sein Gesicht ist nach Osten gerichtet.

Nun wurden die Grabgaben hinuntergereicht. Viele große und kleine Kalebassen, die mit Durakörnern, Sesam, Bohnen, Erdnüssen und Durabrei gefüllt waren. Natu, Napis bester Freund, hatte ein besonders großes Rind geopfert. Die Hörner, die Ohren, der Schwanz und ein Fuß wurden ins Grab gelegt. Es folgten weitere Töpfe mit Milch und Marissabier. Dann kamen die persönlichen Gegenstände – seine Axt, sein Schmuck, die schweren Messingringe, sein Messer und seine Leier.

Nachdem alle Geschenke ins Grab gelegt worden waren, wurde der Onkel-Vater, schweißtriefend, von den Nuba aus dem Loch gezogen.

Noch einmal und zum letzten Mal wurde die weiße Asche in das Grab gestäubt, dann wurde die Öffnung mit einem großen runden Stein verschlossen. Mit der Erde aus dem Grab wurde ein Grabhügel geformt, auf den die Nuba einen Stock mit einer weißen Fahne und Kalebassen auf abgebrochenen Speerschäften steckten. Auf den Hügel wurden große Tontöpfe gelegt. Mit dem Zerbrechen der Speere und dem Zerlöchern der Tontöpfe wird die »irdische Hülle« der Geräte ebenso zerstört wie die der Verstorbenen durch den Tod. Durch diese Zeichen irdischer Zerstörung sollen die Kräfte frei werden, die dem Toten im Jenseits weiter dienen können. Die Dornenhecke, die um das Grab gelegt wird, soll die Toten vor Tieren schützen.

Während der ganzen Totenfeier standen auf Felsplatten und Steinen Totenwächter. Sie hatten auf ihre schwarze Haut weiße Skelette gemalt. Auf ihre Speere gestützt verharrten sie unbeweglich, bis die Nacht hereinbrach. Bis zum Morgengrauen saßen die Verwandten in der Nähe des Grabes und schluchzten ihre Klagelieder.

Als ich am nächsten Tag die Braut von Napi fragte: »Warum hast Du Deine Augen mit einem weißen Streifen übermalt?«, sagte diese ein wenig lächelnd: »gigi Napi« (ich sehe Napi).

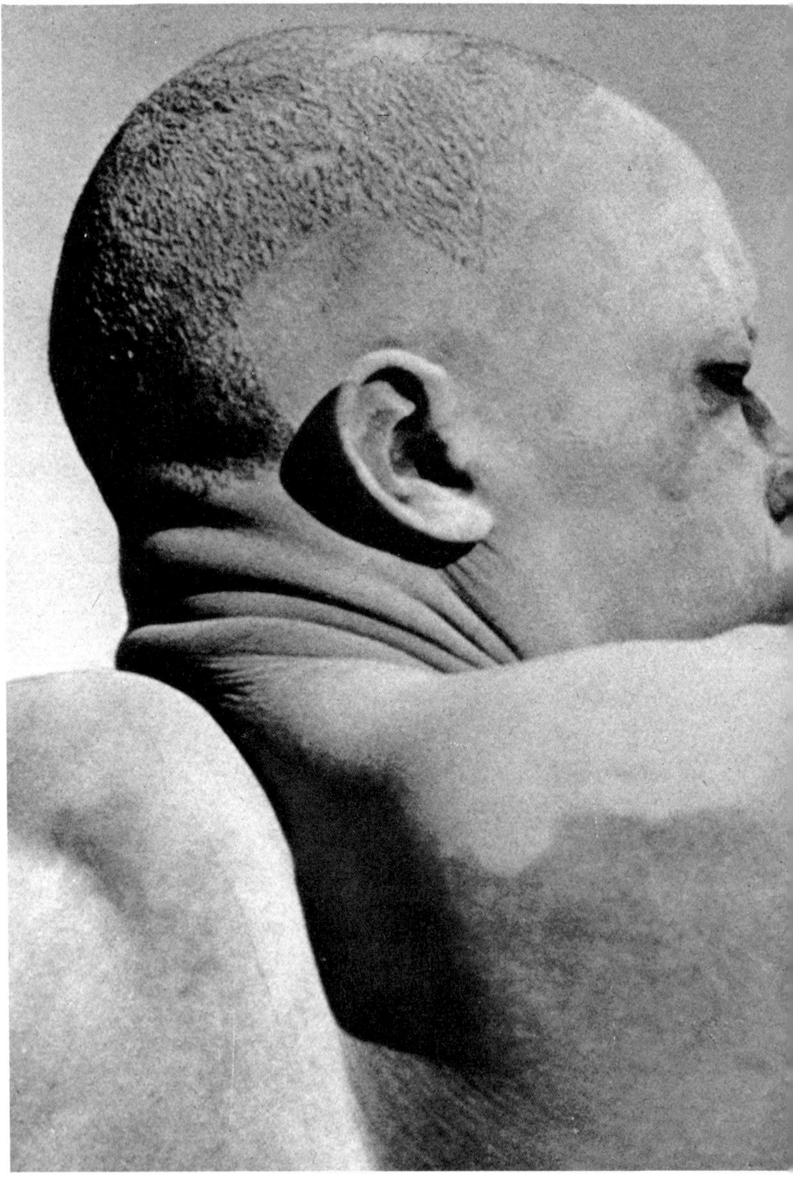

Wie ein steinernes Denkmal, nicht wie ein Mensch aus Fleisch und Blut, sieht dieser Nuba-Ringkämpfer aus, der sich für die Totenfeier mit Asche eingerieben hat.

Natu trauert tief um seinen Freund, mit dem er in der Seribe lebte. Die weißen Sterne auf seinem Körper sind Symbole der Trauer.

Wenige Meter vom Grab entfernt wird eine Gedenkstätte für Napi errichtet, an der in den nächsten Jahren zur Erinnerung und zu Ehren Napis Ringkampffeste stattfinden. In den Rinderhörnern ist die Asche enthalten, die Napi von dem Verbrennen seiner Siegerzweige aufbewahrt hat.

Alle Hände versuchen, die Asche zu berühren – die Nuba fühlen sich dadurch auf magische Weise mit dem Toten verbunden.

Unter dem weißen Leinentuch liegt Napi, ein großer Ringkämpfer – er starb durch einen Schlangenbiß. Seine Mutter, Tante und Großmutter

singen weinend die Klagelieder. Die Glocken, die die alte Frau über dem Toten schwingt, hat Napi bei seinen Ringkampffesten getragen.

Die Freunde und Verwandten Napis warten vor dem Totenhaus auf ihre Rinder, die sie für ihn opfern werden.

Vor dem Totenhaus, auf dem eine weiße Fahne weht, hat sich ein Kreis gebildet, in dem sich die Rinder befinden, die für den Toten geop-

fert werden – getötet durch Speerstiche ins Herz: ein uraltes Ritual der Nuba.

Wenn die Nuba ein »weißes« Trauerkleid tragen, besagt es, daß sie sehr eng, durch Verwandtschaft oder Freundschaft, mit dem Verstorbenen

verbunden waren. Diese Nuba hier beobachten die kultische Zeremonie der Totenfeier.

Der Schmerz der Nuba um ihre Toten ist echt und tief empfunden. Ohne Scheu weinen die Männer und die Frauen.

Der Trauerzug bringt den auf einem Bett festgebundenen Toten hinunter ins Tal, wo er beerdigt wird.

Die Nuba streuen die Asche in die Grube, in der die Hörner vergraben werden.

Bevor die Gedenkstätte zugeschüttet wird, werfen sich die Nuba darüber und greifen tief in das Erdloch, um zum letzten Mal, durch das Medium der Asche, einen Kontakt mit dem Toten herzustellen.

Das Fleisch der getöteten Rinder wird an Freunde und entfernte Verwandte verteilt. Die nahen Verwandten des Toten essen nichts von den geopferten Rindern – dies würde gegen ihre kultischen Sitten verstoßen,

an die sie sich immer noch halten, auch wenn ihnen die Gründe nicht mehr bewußt sind.

Ein »Totenwächter«, der sich ein Skelett auf die Haut gemalt hat. Er wird, bis die Nacht einbricht, Wache bei dem Toten halten, damit nicht böse Geister seine Ruhe stören.

Das Grab befindet sich neben anderen Gräbern in der Nähe der Häuser. Es ist mit großen Tontöpfen, Kalebassen und abgebrochenen Speerenden geschmückt. Die Speerspitzen werden zum Andenken an den Toten in den Häusern der Verwandten aufbewahrt. Die Dornenhecke um den Grabhügel soll das Grab vor Beschädigung durch Tiere schützen. Die Löcher, die die Nuba in die großen Tontöpfe geschlagen haben, sollen symbolisch zeigen, daß die irdische Hülle des Toten zerstört ist. Die Seele der Toten aber – das glaubon die Nuba – ist unsterblich.

Die nahen Verwandten des Toten verbringen die Nacht in der Nähe des Grabes. Ihr Schluchzen und ihre Klagelieder hört man bis zum frühen Morgen.

Die Besucher der Totenfeier verharren still und voller Anteilnahme bis zum Einbruch der Dunkelheit.

Verzeichnis der arabischen und Nuba-Wörter

agediba	*Masakin Nuba*	Vater
ageniba	*Masakin Nuba*	Mutter
baggara	*Arabisch*	ein arabischer Nomadenstamm, der mit seinen großen Rinderherden durch den Sudan zieht und auch die Nubaberge durchquert
bareda	*Masakin Nuba (möglicherweise arabischen Ursprungs)*	ältere Männer, deren Klugheit aufgrund ihres Alters respektiert wird, und die beim Gericht, das dem *mak* untersteht, hinzugezogen werden
barega	*Masakin Nuba*	der Lendenschurz eines Mädchens, hergestellt aus Fasern von den Wurzeln des Bese-Strauchs oder aus Bahre-Zweigen
bene-bene	*Masakin Nuba*	Bezeichnung für eine Leier und auch für die Melodien, die die Nuba darauf spielen
bizäre	*Masakin Nuba*	Serval, eine Wildkatze
burr	*Masakin Nuba*	ältere Frauen, auch unverheiratete
degig	*Masakin Nuba*	eine der beiden Lendenschurzarten für Mädchen *(barega),* angefertigt aus den Wurzeln des Besestrauchs
dindi	*Masakin Nuba*	ein Gürtel, den die Nuba aus einem über Feuer gebogenen Ast herstellen und der als Verzierung eine aus Lehm und Bienenwachs geformte Kugel hat
dubberre	*Masakin Nuba*	ein Blashorn, aus Tierhörnern angefertigt
dura	*Arabisch*	Sorghum-Hirse. Die Masakin bauen eine rote, eine weiße und eine gelbe Art dieses Getreides an
gigi	*Masakin Nuba*	sehen
gobbene	*Masakin Nuba*	Geschwister, einschließlich der Halb- und Viertelgeschwister
kaduma	*Masakin Nuba*	das Stadium der jungen Männer, die dem Knabenalter entwachsen und noch nicht verheiratet sind; Ringkämpfer werden ebenfalls *kaduma* genannt, selbst wenn sie verheiratet sind
kella	*Masakin Nuba*	Greisin
kudjur	*Arabisch*	Man verwendet die Bezeichnung für alle Regenmacher, Wahrsager, Medizinmänner, Priester und für jeden, der Zauberei ausübt
manga	*Masakin Nuba*	kurzgeschnittene Haarfrisuren, in die Ornamente rasiert werden
mak	*Arabisch*	Häuptling, von der sudanesischen Regierung als Autoritätsperson eingesetzt; er ist dafür verantwortlich, daß ihre Anordnungen durchgeführt werden. Der *mak* hat weniger traditionelle Macht als der *kudjur*
marissa (Dialektform)	*Arabisch*	hochsprachliche Form *merissa;* ein dickes Bier, gebraut aus der in Wasser eingeweichten und gegorenen Hirse

märre	*Masakin Nuba*	von Ringkämpfern getragener Gürtel aus geflochtenen Lederriemen, an deren Enden Schweife aus Ziegenfell befestigt sind
masakin	*Arabisch*	Plural des arabischen Wortes *miskîn.* Wie es bei Bergvölkern üblich ist, haben die Nuba oftmals keinen eigenen Namen, sondern haben den angenommen, der ihnen von außerhalb ihrer Gemeinschaft lebenden Arabern gegeben wurde
negarra	*Masakin Nuba*	Freund, fast Blutsbruder; ein Verhältnis starker gegenseitiger Zuneigung und Abhängigkeit, das zwei junge Männer durch formelle Versprechungen und den Tausch von Lieblings-Stieren festigen. Es hält ein Leben lang an und ist oft stärker als Familienbande. Zwei *negarra* müssen sich gegenseitig, notfalls unter Einsatz des eigenen Lebens beschützen
nomaze	*Masakin Nuba*	Kinder
noppo	*Masakin Nuba*	Hirtenlager, arabisch *zariba*
norzo	*Masakin Nuba*	Weinen; auch das von Ringkämpfern nachgeahmte Schnauben von Stieren während ihrer Ringkampffeste
oku	*Masakin Nuba*	Tänze, die gewöhnlich im Mondschein stattfinden
pengo	*Masakin Nuba*	Sterben, Tod
plongo	*Masakin Nuba*	Fellschmuck aus Ziegenhaaren, oft mit Kaurimuscheln geschmückt, den die Nuba an den Hand- und Fußgelenken tragen
qisar	*Arabisch*	Plural von *qusar:* kurz, klein
sirre	*Masakin Nuba*	junges, unverheiratetes Mädchen
solodo	*Masakin Nuba*	dreieckiger Lederpatscher an einem Stiel, mit dem ein Bote oder Herold auf die Erde schlägt, wenn er etwas Besonderes verkünden will
tiwal	*Arabisch*	Plural von *tawil:* groß, hoch. Die größer gewachsenen der beiden Gruppen von Masakin-Nuba sind die Masakin-Tiwal
tobbo	*Masakin Nuba*	Gebet oder Beschwörung, um den Segen der Ahnen auf die Ringkämpfer herabzuflehen
toddo	*Masakin Nuba*	Perlen
tuja	*Masakin Nuba*	ein aus Stroh geflochtener kleiner Ring, der mit Stoff umwickelt wird und den Frauen als Unterlage auf dem Kopf für die schweren Töpfe und Körbe dient
urr	*Masakin Nuba*	Familienväter; die Phase nach dem *kaduma*-Stadium im Leben eines Mannes
wariba, waribi	*Masakin Nuba*	verheiratete Frau
weega	*Masakin Nuba*	weiße Asche

Die Nuba-Sprache

Ebenso wie viele andere der Nubastämme können auch die Masakin-Qisar weder lesen noch schreiben. Die folgende Aufstellung der Nubaworte enthält nur die, die ich im Laufe der Jahre erlernte. Sie ist unvollständig, da es sehr schwierig war, die Grammatik zu erfassen. Auf dreierlei Art gelang es mir, immer mehr Worte zu verstehen, nämlich durch Mimik und Zeichensprache, durch Vorzeigen von Fotos, und durch den einzigen Masakin-Nuba, der etwas Englisch sprach und der beim Mak von Reikha arbeitete. Alle hier wiedergegebenen Worte sind auf Tonband aufgenommen und nach dem Klangbild abgeschrieben. Es ist die einzige Aufzeichnung, die es bisher von der Sprache der Masakin-Qisar gibt. Verschiedene ihrer Wörter haben die Masakin von den Arabern übernommen; soweit ich dies feststellen konnte, habe ich dies im Wörterverzeichnis vermerkt.

Männliche Namen

Albederri	Dudu	Gujangoona	Napi
Alipo	Gabike	Gule	Natu
Alumme	Gallo	Gumba	Notti
Atumadorri	Gapi	Gummeri	Talabun
Bigidallo	Goggo	Gurri Gurri	Tubirri
Bimaja	Goggo Gorände	Kadjama	Tukami
Bimbi	Gorimataja	Kudaija	Tumira
Bingirdindi	Gua	Naju	Tumirri
Dia	Gujado	Nallu	Voniro

Weibliche Namen

Gigi	Kiki	Massala	Toddo
Kaka	Koatse	Nolli	Tutu
Kakau	Kosse	Notto	

Masakin-Hügelgemeinschaften

Taballa	Tobo (arab. Buram)	Toli	Tosari
Tadoro (arab. Tagigi)	Togaro	Tomeluba	Tosulo (arab. Togodo)
Tamuri	Tolabe (arab. Reikha)	Tormo (arab. Teis)	Towu

Korongo-Hügelgemeinschaften

Fama	Kammelelle	Takodindi (arab. Angolo)	Tatodirgo
Kolondara	Tarogi		Tonwange

Familie – Verwandte – Freunde

Kind	nomaze
junges Mädchen	sirre
sehr junges Mädchen	batibonet sirre jitte
junger Mann und Ringkämpfer	kaduma
Geschwister	gobbene
Vater	ageniba, boggo
Mutter	agediba
verheirateter Mann	burr, urr
Ehefrau	waribi, burr
Ehefrau eines anderen	wariba, burr
Mann in mittleren Jahren	purr
kleine Frau	bonatu
Frau in mittleren Jahren	burr
kleiner Mann	konatu
älterer Mann	vogo
erfahrene ältere Männer	bati borro
Großvater	pateboggo
Greisin	kella
Greis (sehr alte Menschen, die fast blind sind)	bodurri
Freund	batibanibi
Freund, Blutsbrüderschaft	negarra
gleichaltrige Menschen	jogotate jära

Wichtige Persönlichkeiten

Häuptling	mak, mek (arab.)
Zauberpriester, Medizinmann	kudjur
eine Art Bürgermeister in den Dörfern	bareda

Der Körper

Adern	doga
Arme	zui
Augen	gigi
Augenbrauen	garette
Backe	zugor
Bauch	zarr, zarabo
Bauchnabel	tute
Bein	szagga
Beine	zirre
Blut	ursula
Brust	kitsi
Därme	dissu
Ellbogen	zoggo
Erbrechen	uhte
Ferse	szadudu
Finger	maui
Fuß	matsemotsere, nomaze ma zirre
Genitale weibl.	zelema
Gesäß	muno
Gesicht	dussai
Gurgel	tuguro
Haare	nagga
Hals	szandag
Haut	näru
Hinterkopf	dsibbi
Hodensack	mallu
Kinn	zirno
Knie	kongo
Knochen	simme
Knöchel	sette
Kopf	tsai
Körper	kasa
Leber	tunge
Lunge	darwoppo
Magen	dara
Mund	oadu
Nase	koatse
Nasenwurzel	tongorro
Niere	nomaze mazaru
Notdurft verrichten	kino
Oberarm	zudu zurato
Oberschenkel	zie
Ohren	geenu
Penis	dulli
Rippen	gunni
Rücken	gizuru, kutsulo

Schienbein	koware
Schultern	coppa
Schwangere Frau	zarr
Speichel	gnoo
Stirn	zudu
urinieren	nango
Wade	tabati
Wangen	zukor
Wimpern	dua
Zähne	ginni
Zehe	mare
Zunge	tolunge

Krankheiten

Durchfall	brizzi
Husten	kappa
Medizin	taua
Schmerz	jipa
Tod	mod, pengo

Tiere und Nahrung

Affe	salenger
Bier	nabba; marisse, marissa (arab.)
Bohnen	mazi
Dura (Sorghum = Hirse)	muza
Inneres von Durastengeln	sendo sozuza
Eier	zui
Elefant	maso
Erdnüsse	mirto
Esel	kalinka
große Fische	nabe
kleine Fische	malina
Fleisch und Wild	wabi
Hahn	dakota
Hase	nadorebbe
Henne	daggeru
Hund	nau
Kamel	timbela
Krokodil	tomendu
Kühe (Rinder)	wai; baggara (arab.)
Mais	malo
Milch	alaue
Moskitos	nago
Öl	gna
Salz	almille
Schaf	tunga
Schlange	bendärr
Schwein	eledu
Serval-Wildkatze	bizäre
Stier	zura
Strauß	burribbi
Wasser	närr
Ziege	ummi

Natur

Baum	birra
Baumstämme	närre
Berge	muro
Durastengel	diebri
Erde (Bodenerde)	zabak
Felsen	zerro
Gras (in Nähe der Hütten)	huke dulle
sehr hohes Gras (weit entfernt von den Hütten)	huke kondo
Gras (weit entfernt)	huke turini
Himmel	malla, milla
Mond	gina
Mondsichel	ginagitte
Vollmond	ginagommorga
Regen	birne
Schatten	bunna
Sonne	singi, singibuti
Staub	dusso
Sterne	szoado, moddo
Tabak	tumbâk (arab.)

Gegenstände – Haus – Hirtenlager

Asche	weega
Bett	dirde dingrio
Decke	martova
Durastengel (für das Dach)	diebbri
Feuer	dii
Gürtel aus Holz geformt (nur von Männern getragen)	zororo
Haus	toa
Hauseingang	ungo
Hirtenlager (Seribe)	noppo
Hocker (klein)	bambera (arab.)
Holzstämme	diebirre, närre
Korb	urä
großer Korb, den die Frauen auf den Köpfen tragen	nirre
Löffel, groß, in Form einer Kelle	zaro
Löffel, lang und schmal	gira kondalili, gira bassu
Messer	gära
Rinde von Bäumen	grie
Schale (flach) aus Kalebasse* (Eßgefäß)	naro
Schale, klein, zum Trinken	copai
Schuhe	wossok
Stock	karna
Steine, auf denen die Dura gemahlen wird	zenna
stark gebogener Stock	gobaduri
Stock, keulenartig geformt, zum Töten von Wild	gorra
Stock aus hartem, starken Holz, mit denen die Männer sich schlagen, wenn es um die Untreue einer Frau geht	nabarra
Stock (Krückstock für alte Leute) und auch, in anderer Form geschnitzt, zum Tragen von Wassersäcken	kopareri
Stricke, die die Nuba aus Baumrinde herstellen	dorr
Töpfe, in denen Wasser und Bier getragen wird	notto
Töpfe, klein, zum Trinken	noppei
Tuch	mandil
Wassersäcke aus Ziegenfell	palette närr ummi

Musikinstrumente

Blashorn	dubbere
Leier mit einem sehr großen Klangkörper	kasserindi
Leier	bene-bene
Melodien	bene-bene apra
Trommel	bamba
Pfeife	zabarr

* Kalebassen: getrocknete Kürbisse und Flaschenkürbisse, deren Schale sehr hart wird.

Schmuck

Armband	aleije
Armband (Messing mit Leder)	mundi
Frisur mit Ornamenten	manga
Mädchenfrisur (Haare eng geflochten, arab. Frisurart)	varetto
Glöckchen	nabarre
Gürtel	grippa
Gürtel mit einer Zierkugel	dindi
Gürtel, aus Bastschnüren und nußähnlichen Früchten angefertigt	maribu bira
Gürtelschnalle aus Messing	karau
Halsband (ohne Perlen)	temaja
Halskette aus Schnüren und nußähnlichen Früchten	maribo
Kalebassen, die als Schmuck rückwärts am Gürtel angebunden sind	nubbere, gerro
Kalebasse, lang und gurkenförmig	närru
Lippenschmuck	muze jitte
Lippenschmuck, Lippenloch (Frauen)	zeringa
Elfenbeinstab, der durch das Lippenloch gezogen wird	musse joppo
Stäbchen für Lippen aus Elfenbein oder Holz	musse
Stäbchen aus Messing (für junge Mädchen und Frauen)	meringa
Messingreif	dingabinetti
Messingringe, am Handgelenk getragen	ningabi
Messingringe, nur von Ringkämpfern getragen	mundi
Nasenring	mumme, numme, taberga dana, taberga dana koatse
Ohrenring	defondo, affondoraizorri
Ohrenring mit Silberkette und Münze	gambeli
Perlen	toddo
Rindenschurz, von Frauen getragen	barega, degig
Schildkrötenpanzer	borro
Schweif aus Pferdehaaren	szandule zamotto
Tätowierung bei Frauen	moribi
Ziegenfellschmuck	plongo
Fellschmuck (am Hals und Oberkörper)	plongo tunga, plongo narro
Fellschmuck (an den Beinen)	plongo zadia ummi
Fellschmuck (an den Armen)	plongo mlindodo ummi

Ringkampf

Gebetsbeschwörung	tobba szanda
ein unentschiedener Kampf	itatgurri
einen Kampf gewinnen	bati poppok
kämpfen	szanda nabati
Mut haben	batibonengera
Ringkampffest	szanda
Rundschilde	nollo
rechteckige Schilde	darga

Lederpatscher, mit dem die Ankunft der Ringkämpfer durch Schlagen auf den Boden angekündigt wird	solodo
Schmuckkalebassen der Ringkämpfer	dubbere szanda
aus Holz geschnitzte Schmuckkugel mit Stacheln – alter Nubaschmuck der Ringkämpfer (am Gürtel rückwärts getragen)	notto
den Sieger auf Schultern tragen	bati bozi
Ringkämpfer, die das Schreien einer Rinderherde nachahmen	kaduma norzo, bati bagnäro
Siegeszweige	gorno
Übergeben der Siegeszweige	zubati gorno
Speer	natu, watu
Stock mit Ornamenten und Perlen geschmückt, nur für junge Mädchen beim Tanz für den Sieger	zurra
Tänze	oku
verlieren	bati bongorro, badissi, bati boretak

Verben

ärgerlich sein	toggi
arbeiten	zochel, bonedderre, bonnengirre nogo
viel arbeiten	bonengerre norro
besuchen	bimbi
danken	schukran (arab.)
draußen sein	tabbak
zu Ende sein	jokina
essen	massau
fallen	babo, wababo
fortgehen	nibbertau, nibbamute
geben	bozodaja
gehen	zupo
gern haben	buna, buna bati
sehr gern haben	buna apra, bati borri
glauben	bagago inni
heiraten	arrinibanute
verheiratet sein	gringo purr
hören	geenu
kommen	barazzo
lachen	susulu
lieben	paribi, pariba, burboni garage
nicht lieben	dabune garragarake jainji
lügen	kirre
schlafen	mangiridso, szanga
schlafen (sich lieben)	szanga paribi
schlagen mit Stock	tarme
schneuzen (Nase)	nirigo
spazierengehen	mingere
speerwerfen (bei Totenfesten)	narra
sprechen, sagen	zämo
spucken	dieko, gliesso
spucken (sehr weit)	sieri
stehlen	bati biza, bati bonnedurra, arami (arab.)
sterben	pengo
tätowieren	nigarre
trinken	igo
verstehen	babetto
verweigern	buran
waschen	beko
weinen	norzo, tosaii
zeichnen	rikke
zurückkommen	basso barrosi, giratzo, bamute barasso
zerreiben (Dura zu Mehl)	dau

Adjektive und Adverbien

alt	bidori
allein	bille
ängstlich	bizako desärt
arm	bati bokarme
billig	nibitte
sehr billig	jiapra
böse	ponnebna
durstig	botza
eifersüchtig	benebowati, batibormurrburr bobati
fertig (aufhören)	kallas (arab.)
fleißig	bati banengere noago
gesund	poppok, bongorak
glücklich	uwaisar, bsiggi
unglücklich	zardisseemiminne
groß	botzi
sehr groß	bati botzi
gut	quäs (arab.)
hart	jondo
heiß	singi zepa, singi jipa
hoch	jozzi
hübsch	jorri
sehr hübsch	borri, bati borri
hungrig	dussi
sehr hungrig	dussi dussi
jung	jette
kalt	gezukarge, jitti
klein	junoatu
krank	biige
langsam	dadse dadse, ratse ratse
leicht	jobubu
müde	mirre
reich	bati boneja jorro
schlecht	bieza
schwer (Gewicht)	jima, jajimmu
traurig	engo, ingo
verschieden	allori
weit	dette
sehr weit	dette dette

Farben

blau	jowobbo
gelb	joalili
grün	jossi
rot	jorre
schwarz	junni
weiß	joppo

Aus der Grammatik

ich	anni, ango
du	onga
er, sie, es	purr, angnoppi
wir	angnonni, anga angnonitti
mein	iva
dein	ivi
sein	ivu
ich bin	ongi
du bist	anga
er, sie, es ist	angnoppi
das ist	ja ji
ich habe	niebonne, ongi bonne
du hast	na bonneria
ich habe nicht	niebonne jokina
ich will	iborri, naborri
ich will nicht	anni borridi
sie will nicht	boridi
ich gebe	anni bezodaja
ich glaube	anni bogana ninni
ich spreche	zämonanga
ich wünsche	anni gonäggeragejogo, anni bunegeracke jogo
ich weine	anni wang norzo
bleibe, warte	arrizulu nimamute
komm	darre, darno
ja	ei
nein	uweila
und	na

wo	kerro, midse
ohne	geräna
viel	apra, urjogo, jogo
sehr viel	urjogo apra, zoggo-zoggo, katier (arab.)

Gebräuchliche Redewendungen und Sätze

guten Tag	mongnatu
wie heißt du?	mara na garange? abuni carona mara? mara nagara?
wie alt bist du?	abune tobedina? nibonärbo kasapra? robberadino ago?
wo wohnst du?	meede nabere?
bist du verheiratet?	iba näburr?
ich bin nicht verheiratet	ibo gina noborro
was ist das?	jocka-i? gine anne?
was kostet?	krusch rodino?
was kostet ein Huhn?	udeni doakoda?
wer ist das?	ongo bunemonjenni
wie lange bleibt ihr?	niebaro?
wer ist reich?	bati bonelmal jorro
wer ist arm?	bati bibogina-ja?
du bist nett	juareo
wir gehen spazieren	apertau
wir gehen sehr bald	nibbertau ungo
ich komme zurück	giratzo
ich komme in zwei Jahren wieder	barikossi amära barassomadubl
sie kommt zurück	arinibamute
traurig sein, wenn jemand fortgeht	nibbertau greginorra
möchte wiederkommen	barasso masso
das letzte Mal	ongo, josata tengo
sehe sie zum letzten Mal	nibbertongo
ich verstehe nichts	ibatoma
ich spreche Nuba	zämonanga Nuba
er stiehlt	angnoppi bonedura
der Mann ist fort	aberetti jokina
um die Toten weinen	norzo purr pengo
Mädchen ist eifersüchtig	sirre sonnegarakekaduma
einem Freund nimmt man die Dura nicht weg	bati borri bogina dura
wenn Nuba mit Speeren bei Totenfeiern um das Totenhaus laufen	gerrenakotoa
ich schenke etwas	anni bisatja
möchten viel Dura haben	bonne muza morro
ich weiß nicht (vielleicht)	gnama
gehe hinaus	irigitabbak
bleibt draußen	sorinitabbak, sorrotabbak
Nuba mögen nicht den Krieg	Nuba buna uweila ganderra

Zeitbegriffe

bald	arri, arrinibanute
später	muto, badenn (arab.)
heute	mimme maresingi mangnerisigna basime
morgen	norro bukkera (arab.)
gestern	mitsi
vorgestern	mingimära
früher, vor langer Zeit	oabi
immer	kemme, norrongoro

morgens, früh	mangerozzo
Vormittag	disingi
Mittag	singi
Nachmittag	siibi, masiibi
Nacht	mangora
Tag	borrinorronguorro
1 Tag	azzullo
2 Tage	maresingi
1 Monat	ginagello
1 Jahr	tobokdellu
2 Jahre	roberära
3 Jahre	robrettak
4 Jahre	robrando
5 Jahre	robeziesselu
6 Jahre	robeziesselu na jillo
7 Jahre	robeziesselu na järra
8 Jahre	robeziesselu na njettag
9 Jahre	robeziesselu na brando
10 Jahre	robenäpra
11 Jahre	robenäpra na jillo
12 Jahre	robenäpra na järra

eine weitere Zählart von 3 bis 10:
nibonärboratak
nibonärbobrando
nibonärboziesselu
nibonärboziesselu na jillo
nibonärboziesselu na järra
nibonärboziesselu n'artak
nibonärboziesselu na brando
nibonärbonäpra

Zahlen

1	jillo
2	järra
3	njettag
4	brando
5	ziesselu
6	ziesselu na jillo
7	ziesselu na järra
8	ziesselu na njettag
9	ziesselu na brando
10	näpra
11	näpra na jillo
12	näpra na järra
13	näpra na njettag
14	näpra na brando
15	näpra na ziesselu
16	näpra na ziesselu na jillo
17	näpra na ziesselu na järra
18	näpra na ziesselu na njjettag
19	näpra na ziesselu na brando
20	puropapra
21	puropapra na jillo
22	puropapra na järra
23	puropapra na njettag
24	puropapra na brando
25	puropapra na ziesselu
26	puropapra na ziesselu na jillo
27	puropapra na ziesselu na järra
28	puropapra na ziesselu na njettag
29	puropapra na ziesselu na brando
30	puropapra na näpra
31	puropapra na näpra na jillo
40	urjerra
50	urjerra na näpra
60	urnjettag
70	urnjettag na näpra
80	urobrando
90	urobrando na näpra
100	urziesselu

eine andere Zählart von 15 bis 20:
näpra na nassere
näpra na nassere na jillo
näpra na nassere na järra
näpra na nassere na njettag
näpra na nassere na brando

Leni Riefenstahls Meisterwerke der Fotografie im List Verlag

Die Nuba

Menschen wie von einem anderen Stern.
208 Seiten mit 140 Abbildungen, davon 125 z. T. doppelseitigen Farbaufnahmen. Leinen.
„Hier werden Aufnahmen von schon beklemmender Dichte und Prägnanz effektvoll aneinandergereiht, hier bietet sich dem Betrachter ein Augenfest von schier überwältigender Faszination".
Westermanns Monatshefte

Die Nuba von Kau

Fotos, Text und Layout von Leni Riefenstahl.
224 Seiten mit 176 z. T. doppelseitigen Farbaufnahmen. Leinen.
„Ihre Bildimpressionen, diese herrlichen Farbaufnahmen von Masken, Messerkämpfen und Liebestänzen sind wahrscheinlich das letzte Zeugnis eines von der industriellen Zivilisation bedrohten Naturvölkerstammes."
Rhein-Zeitung
Leni Riefenstahls Nuba-Bände erreichten eine Auflage von 150000 Exemplaren und wurden in fünf Sprachen übersetzt.

Korallengärten

224 Seiten mit 112 Farbaufnahmen, davon 60 doppelseitig. Leinen.
„Dies ist ein Bilderbuch im wahren Sinne des Wortes. Jede Seite ist geradezu berauschend schön, leuchtet in den prachtvollsten Farben der Fische, Korallen, Schnecken und Würmer, welche die tropischen Meere bewohnen."
Neue Zürcher Zeitung

Mensch und Natur

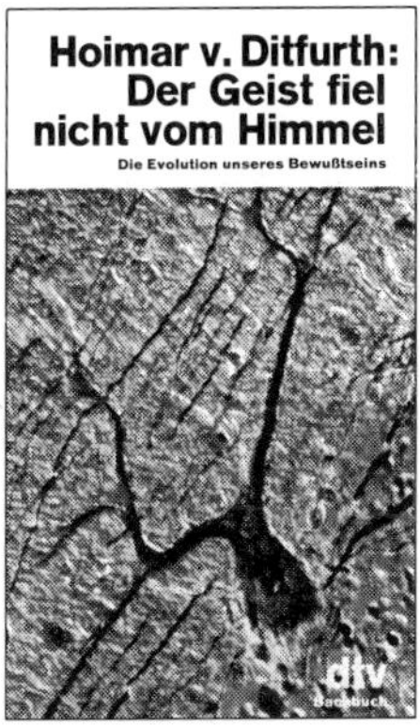

Kreatur Mensch
Moderne Wissenschaft auf der Suche nach dem Humanum
Hrsg. v. Günter Altner
dtv 892

Joachim Illies:
Zoologie des Menschen
Entwurf einer Anthropologie
dtv 1227

Hoimar v. Ditfurth / Volker Arzt:
Dimensionen des Lebens
Reportagen aus der Naturwissenschaft
dtv 1277

Frederic Vester:
Denken, Lernen, Vergessen
Was geht in unserem Kopf vor?
dtv 1327

Frederic Vester:
Phänomen Streß
Wo liegt sein Ursprung, warum ist er lebenswichtig, wodurch ist er entartet?
dtv 1396

Helmut Tributsch:
Wie das Leben leben lernte
Physikalische Technik in der Natur
dtv 1517

Hellmuth Benesch:
Der Ursprung des Geistes
dtv 1542

Hoimar v. Ditfurth:
Der Geist fiel nicht vom Himmel
Die Evolution unseres Bewußtseins
dtv 1587

Hans Breuer:
entdeckt – erforscht – entwickelt
Neueste Nachrichten aus der Wissenschaft
dtv 1658

Reinhard W. Kaplan:
Der Ursprung des Lebens
Biogenetik, ein Forschungsgebiet heutiger Naturwissenschaft
dtv / Thieme 4106

Adolf Remane / Volker Storch / Ulrich Welsch:
Evolution
Tatsachen und Probleme der Abstammungslehre
dtv 4234

Biologie

Hans Christian Bauer, Rudolf Hofer, Walter Knapp und Hans Moser: Zoologische Experimente
Praktische Versuchsanleitungen mit theoretischen Einführungen
dtv 3111

Ernst Hadorn und Rüdiger Wehner: Allgemeine Zoologie
Begründet von Alfred Kühn
dtv 4061

Emil Müller und Wolfgang Loeffler: Mykologie
Grundriß der Pilzkunde
dtv 4067

J. M. und E. M. Barry: Die Struktur biologisch wichtiger Moleküle
Eine Einführung für Naturwissenschaftler und Mediziner
dtv 4089

Arnold Wartenberg: Systematik der niederen Pflanzen
Bakterien, Algen, Pilze, Flechten
dtv 4099

Erich von Holst: Zentralnervensystem
dtv 4152

Irenäus Eibl-Eibesfeldt: Der vorprogrammierte Mensch
Das Ererbte als bestimmender Faktor im menschlichen Verhalten
dtv 4177

Vinzenz Ziswiler: Die Wirbeltiere
2 Bände
dtv 4193/4194

Viktor Schwartz: Entwicklungsgeschichte der Tiere
dtv 4232

Wolfgang Laskowski und Wolfgang Pohlit: Biophysik
Eine Einführung für Biologen, Mediziner und Physiker
dtv 4299

Adolf Remane, Volker Storch und Ulrich Welsch: Evolution
Tatsachen und Probleme der Abstammungslehre
dtv 4234

Dierck Frank: Verhaltensbiologie
Eine Einführung in die Ethologie
dtv 4337

Werner Gottschalk: Allgemeine Genetik
dtv 4306